Franz-Josef Ortkemper (Hrsg.)

Neue Predigten zum Alten Testament

Psalmen

Die Deutsche Bibliothek – CIP-Einheitsaufnahme
Neue Predigten zum Alten Testament /
Franz-Josef Ortkemper (Hrsg.). –
Stuttgart: Verl. Kath. Bibelwerk.
NE: Ortkemper, Franz-Josef [Hrsg.]
Psalmen. – 1995
ISBN 3-460-32994-7

Satz und Druck: J. F. Steinkopf Druck GmbH, Stuttgart
Titelfoto: COMSTOCK GMBH, Berlin (Tom Grill)

Franz-Josef Ortkemper (Hrsg.)

Neue Predigten zum Alten Testament

Psalmen

Verlag Katholisches Bibelwerk GmbH, Stuttgart

Inhalt

Vorwort

Nach den drei Bänden mit Predigten zu den alttestamentlichen Texten der Sonn- und Festtage der drei Lesejahre legen wir Ihnen nun einen Band mit Psalmenpredigten vor. Meine ursprüngliche Absicht, mich dabei vor allem an den Antwortpsalmen der Eucharistiefeier zu orientieren, habe ich bald fallengelassen. Denn es wäre ein sehr einseitiger Predigtband dabei herausgekommen, bei dem Klage und Zorn, Fragen und Zweifel fast völlig ausgeblendet gewesen wären. Der Psalter hat mehr zu bieten ...

Mit dieser Predigtsammlung möchten wir dazu anregen, es einmal mit der schwierigen Psalmenpredigt zu versuchen. Sehr leicht lassen sich Predigten dieses Bandes zu Predigtreihen kombinieren, etwa zur Fastenzeit, z. B. indem man verschiedene Psalmgattungen zu einer Predigtreihe zusammenstellt: Lob – Dank – Bitte – Klage ... Der Band läßt sich ebenso gut als persönliches Meditationsbuch verwenden und verschenken.

Den Bearbeitern habe ich bewußt Freiheit gelassen. Ich denke, das hat sich ausgezahlt. Beim Lesen und Redigieren der Predigten bin ich geradezu fasziniert gewesen vom Mut zum ganz persönlichen Wort, von der Vielfalt der Zugänge und Stile.

Als letzter Band dieser Predigtreihe zum Ersten Testament soll im nächsten Jahr ein weiterer Band mit „vergessenen" Texten des Alten Testaments erscheinen. Mir ist bei der Herausgabe der drei Bände wie selten aufgegangen, wie einseitig unsere Perikopenauswahl im Bereich des Alten Testamentes ist, wie viele wichtige Texte und Themen fehlen. Hier ist dringend eine Korrektur erforderlich, nicht nur im Interesse der biblischen Botschaft, sondern vor allem im Interesse einer lebensnahen, alle wichtigen Lebensbereiche berührenden Predigt.

Wir hoffen, daß dieser Predigtband möglichst viele Predigerinnen und Prediger anregt, es mit der leider allzu selten praktizierten Psalmenpredigt zu wagen.

Franz-Josef Ortkemper

ERICH WITTNER

Psalm 1

Wegweisung zum Glück

Wir drehen uns im Kreis

In einer großen Tageszeitung konnte man vor einigen Jahren folgende Notiz lesen: „Zum 125. Geburtstag des Londoner Zoos gab es dort eine besondere Sehenswürdigkeit. In einem Käfig mit der Aufschrift ‚*Homo sapiens – Mensch von heute*' saß ein 24jähriger Student und spielte mit einer Atombombe, einem Totoschein, einem Radio und einer Nachbildung der Drahtplastik, die beim Wettbewerb für ein ‚Denkmal der politischen Gefangenen' in London den ersten Preis erhalten hatte. Der Kurator der Säugetiere im Londoner Zoo sagte, der Scherz habe zeigen sollen, was nach Jahrtausenden menschlicher Entwicklung aus dem Menschen geworden sei." – Eine anschauliche Lektion!

Dabei können die „Spielzeuge" beliebig ergänzt und modernisiert werden (statt dem Radio zum Beispiel Tele-Computer-Spiele). Jedenfalls scheint sich mehr und mehr zu bestätigen, was *Eugéne Ionesco* bei den Salzburger Festspielen 1972 gesagt hat: *„Die Menschen gehen auf ihrem Planeten im Kreis wie in einem Käfig."*

Wir könnten uns schmeichelhaftere Urteile vorstellen. Aber Ionesco hatte vermutlich recht. – Unser Leben läuft zwar auf Hochtouren und ist randvoll ausgefüllt. Unsere Verpflichtungen nehmen uns gefangen, und selbst unsere Hobbies stellen ihre Ansprüche. Da ist kein Leerlauf und kein toter Punkt. Aber das ist es ja gerade: Wir leben wie in einem Käfig und drehen uns im Kreis. Wir gehen und gehen, wir fahren und fahren, wir planen und planen, aber wir kommen nicht recht voran. – Wir bleiben im Kreisverkehr unserer Aufgaben und Pflichten, unserer Wünsche und Sehnsüchte hängen.

Was verhindert unser Glück?

Allzuoft stoßen wir an die Sperrgitter unseres Käfigs; allzuoft enden unsere Wege in Sackgassen, und nur allzuoft liegt der schale Geschmack der Enttäuschung auf unseren Lippen. Dabei steht uns doch sprichwörtlich die ganze Welt offen: Großartige Möglichkeiten bieten sich an; herrliche Verheißungen locken. Man meint, man müsse nur mit vollen Händen zugreifen, um das Glück aus tausend Quellen zu schöpfen. Warum geht es trotzdem nicht recht weiter? Ich komme nochmals auf Ionesco zurück. Der Dichter hat sein Wort vom Käfig nicht einfach so dahingesagt. Er gab auch die Begründung. Er sagte: *„Die Menschen haben vergessen, daß man nach dem Himmel sehen kann."* Wir können es auch so sagen: Unser Leben dreht und dreht sich mit zunehmender Geschwindigkeit, aber es dreht sich oft um einen falschen Mittelpunkt und wird so zu einem ver-rückten Leben im wortwörtlichen Sinne. Das aber kann nicht glücklich machen. Aber was heißt Glück? Hier ließe sich vergnüglich philosophieren. Am Ende aber bliebe immer noch die viel wichtigere Frage: Wer ist glücklich? Oder noch persönlicher gesagt: „Wie werde ich selbst glücklich?"

Hier gibt die Bibel des Alten Bundes (besser gesagt: des Ersten Bundes) die verblüffende Antwort: Sein Glück findet, nein: sein Glück hat schon gefunden, „wer nicht dem Rat der Frevler folgt, nicht auf dem Weg der Sünder geht, nicht im Kreis der Spötter sitzt, sondern Freude hat an der Weisung Jahwes und über diese Weisung nachsinnt bei Tag und Nacht" (Ps 1,1f).

Auf den Punkt gebracht heißt das: Glücklich ist, wer sein Leben an Jahwe (Gott) ausrichtet und geradezu Lust hat an seiner (Weg-) Weisung. – Beispielhaft dafür sind die „Zehn Gebote", die aber gerade nicht strenge Gebote sind, sondern freundliche Hin-weise Gottes zu einem gelingenden Leben. Mit dieser Einladung zum gelingenden Leben beginnt das Buch der Psalmen mit seinen 150 Liedern; eine Ouvertüre, die das Ohr öffnen soll für alles, womit seit rund drei Jahrtausenden unzählige Menschen Freud und Leid, Hoffnung und Verzweiflung im Auf und Ab des Alltags vor ihrem Gott ausgebreitet haben. Hier hilft der 1. Psalm als Lehrbeispiel. Er bringt keine trockene Belehrung, er malt uns vielmehr lebendige Bilder vor Augen. Auf der einen Seite sehen wir einen Baum. Fest verwurzelt steht er auf sattem, saftigem Boden mit grünenden Blättern und Früchten „zu seiner Zeit". Auf der anderen Seite sehen wir Spreu im Wind. Sie wird beim Hochwerfen des Getreides (Worfeln) vom Winde verweht. Beständiges also und Vergängliches, Leben und Vergehen, Fruchtbarkeit und Verdorren, Glück und Unglück werden zur Wahl gestellt. – Ein Scheideweg!

Der richtige Weg

Der Psalm zeigt beides, läßt aber keinen Zweifel am richtigen Weg aufkommen: Glücklich ist, wer sich ganz an Gott bindet und sich an ihm im besten Sinne „aus-richtet“ und so seinem Leben Halt und Richtung gibt. Sein Leben bekommt Sinn; sein Weg führt aufwärts; sein Glück ist gesichert. Eine Umdichtung des Psalms sagt das so:

„Wie ein Baum
bin ich vor dir.
Und all meine Wurzeln
senken sich in dein Wasser.
Meines Lebens Nahrung und Frucht:
woher anders als aus dir?
Wie könnte ich aufrecht
und gerade stehen
in den Stürmen des Lebens. –
Würdest du mich nicht ausrichten
(immer neu) in deine Höhen,
und aufrichten
im Horizont deiner Weiten?
Wie?“
(P. Hugger OSB)

Mit dem 1. Psalm als „Lotsen zum Glück“ wird der gläubige Mensch selbst beglückwünscht in einer Art Seligpreisung. Wir können das ein „religiöses Kompliment“ nennen: ein Kompliment an den gläubigen Menschen, der all seine Quellen in Gott selbst hat und sich von Gott geliebt weiß. Sein Leben gedeiht im besten Sinne des Wortes. Es trägt Frucht für andere Menschen und für einen selbst. Es gewinnt seinen Mittelpunkt. Und das gibt Halt und öffnet zugleich einen Weg: Feststehen wie ein Baum und einen Weg gehen – zwei widersprüchliche Bilder und doch kein Widersinn. „Weg“ nennt der Psalm alles, was unserem Leben Sinn und Orientierung gibt. Der „Baum“ dagegen versinnbildet alles, was uns auf festem Boden stehen läßt. Beides paßt gut zusammen: Durch das Leben gehen und sich nicht verlieren, – verwurzelt sein in Jahwe und zugleich von seiner Weisung geleitet in die Zukunft gehen, verheißt Glück. – Der Weg dazu steht offen.

ERICH GARHAMMER

Psalm 5

„Herr ich halte Ausschau nach dir“

Die Psalmen - eine Gebetsschule

Beten wird bei uns oft sehr persönlich verstanden; vorgegebene Gebete werden schnell als unpersönlich, vielleicht sogar nichtssagend und formelhaft abgelehnt. Das Zeitalter des Individualismus bevorzugt - falls überhaupt noch gebetet wird - den persönlichen Ausdruck, die persönliche Note, den persönlichen Zuschnitt.

Ganz anders verhält sich hier die Gebetstradition des Judentums: Das Gebet der Psalmen wird erfahren als ein bergendes Haus, als ein Rhythmus des Lebens. Wegen der Tora soll Gott die Welt erschaffen haben. Beten der Psalmen heißt also: sich einschwingen in diesen schöpferischen Akt Gottes. Beten zu können bedeutet, nicht nur mit Gott zu kommunizieren, sondern heißt auch, in der Sprache von Generationen sein eigenes Leben zu deuten und zu bergen. Auf diesem Hintergrund ist Beten kein spontaner Akt, sondern Lebensrhythmik wie der Atem, Nahrung wie das tägliche Brot, Hygienemaßnahme wie das tägliche Waschen. So braucht auch das Beten feste Zeiten: den Morgen und den Abend.

Der Psalm 5 als Morgengebet

Morgenstund hat Gold im Mund. Dieses Sprichwort ist uns allen bekannt. Es ist meist die Devise des leistungsorientierten Menschen. Die Morgenstund für den Beter heißt nicht an seine Leistungsfähigkeit denken, sondern sein Leben verankern in dem, in dem er immer schon gründet: in Gott. Die aufgehende Sonne wird dann nicht nur zu einem kosmischen Schauspiel oder einem schönen Naturerlebnis, sondern zum Symbol und Hinweis für die Kraft Gottes. Diesen Gott ruft der Beter im Psalm 5 in seiner Not an. Er will nicht an seiner Not ersticken, sondern sie expressiv zum Ausdruck bringen. Dies ist nicht der geringste Erfolg des Betens: statt sich depressiv in sich zu verkriechen seine Not aussprechen zu lernen, statt stumm zu werden zu schreien, statt sich im eigenen Ich zu verkapseln ein Du anzurufen. Das Beten freilich geht nicht ohne Vertrauen: Es setzt eine Beziehung zu Gott voraus, dem man etwas zutraut. Der Beter des Psalms traut seinem Gott zu, daß er Unrecht verabscheut, das Böse bannt und Lügner und Betrüger in die Schranken weist. Kein ohnmächtiger Gott also, an den sich der Beter wendet, sondern ein machtvoller. Freilich kein Potentat und Herrscher, der dreinschlägt mit Feuer und Schwert, sondern der herrscht durch seine Gerechtigkeit und Lauterkeit. Insofern ist er das Gegenbild zu den Menschen, deren Worte lügnerisch sind, deren Zunge aalglatt und verleumderisch ist. Von ihnen sieht sich der Beter bedrängt und verfolgt. Im Tempel des Herrn will er nun einen Rechtsentscheid erwirken und seine Lebensweise bestätigen lassen. Er bittet um Schutz für alle, die den Namen Gottes lieben, und um den Segen Gottes wie um einen schützenden Schild.

Beten heute

Können wir heute einfach den Psalm nachsprechen? Zuviel Anfragen rumoren in uns; vor allem die Anfragen der Religionskritik der Neuzeit. Ist dieser Gott nicht eine Kindheitsillusion (Freud), ist dieser Gott nicht eine Erfindung der Schwachen, die auf Rache sinnen (Nietzsche), ist dieser Gott nicht ein billiger Trost für die Entrechteten (Marx)? Mit diesen Argumenten und Anfragen kann und muß sich der Beter auseinandersetzen, aber Gott beweisen kann er dadurch nicht. Der Beter braucht keinen Gottesbeweis, sondern er liefert selber einen Gotteserweis: Indem er zu diesem Gott in Beziehung tritt, ihn als Du anruft, erfährt er ihn als lebendig. „Im jüdischen Denken gibt es die Obsession dessen, was bleibt, wo alles zusammenbricht“ (E. Jabès). Der Beter in der jüdisch-christlichen Tradition sucht also keine fromme Nische, keinen unbedrohten Fluchtort, sondern im Schrei des Gebets weiß er sich noch auf ein Du bezogen. Jesus selber stirbt nicht als leidfreier Philosoph oder als leidresistenter Therapeut: er stirbt mit dem Schrei des Gebets auf den Lippen. Mit diesem Schrei steht er in der Tradition jüdischen Betens, mit diesem Schrei beginnt auch der Beter des Psalms 5:

> *„Höre meine Worte, Herr, achte auf mein Seufzen!*
> *Vernimm mein lautes Schreien, mein König und mein Gott,*
> *denn ich flehe zu dir.“* (V. 2 und 3)

LUDGER FUNKE

Psalm 8

Was ist der Mensch?

Unmenschlich

Kinder können grausam sein. Michael, einer unserer Meßdiener, erzählte mir: „Zum Geburtstag habe ich ein kleines Aquarium mit einem Goldfisch geschenkt bekommen. Vor einigen Tagen hatte ich Krach mit meinem jüngeren Bruder. Sieben Jahre ist er alt. Wir haben uns geschlagen. Natürlich war ich der Stärkere. Vor Wut ist mein Bruder dann zum Aquarium hingerannt, hat sich den Goldfisch herausgefischt und gepackt und in seiner Hand zerquetscht." Was muß ein siebenjähriges Kind erlebt und erfahren haben, um zu einer solchen Grausamkeit, zu einer solchen Unmenschlichkeit fähig zu sein?

Auf Unmenschlichkeiten kann man in den unterschiedlichsten Situationen treffen: Ich denke nicht nur an die Kinder, die in Elendsvierteln oder inmitten von Bürgerkriegen groß werden und die unmittelbare Erfahrungen mit „Unmenschen" machen. Unmenschlichkeiten können ganz alltäglich ihren Anfang nehmen: in erbärmlichen Wohnsituationen, in bedrängender Arbeitslosigkeit, in scheinbar auswegloser Alkoholabhängigkeit.

Menschlich

Gut, daß Kinder auch andere Erfahrungen machen. Jedesmal, wenn ich in unseren Kindergarten komme, freue ich mich darüber, wie sehr die Kinder über eine neue Geschichte, ein neues Spiel oder eine neue Idee ins Staunen geraten können. Mit dem Staunen fängt alles an – vor allem das Fragen, das Nachfragen und die Suche nach neuen Erkenntnissen. Für mich kann mit dem Staunen auch das Beten beginnen. Ein solch staunender, betender Ausruf findet sich in einem Hymnus des Alten Testaments, im Psalm 8: „Was ist der Mensch, daß du an ihn denkst, des Menschen Kind, daß du dich seiner annimmst?" (V. 5). Der Psalmist staunt darüber, daß und wie sich Gott dem Menschen zuwendet.

Ich erinnere mich an einen geistlichen Vortrag während meiner Studienzeit, in dem es um diesen Psalm ging. Vieles davon habe ich vergessen, nur eines nicht: Wie der alte Jesuit immer und immer wieder die Worte „Mensch“ und „menschlich“ ausgesprochen hat. Er hatte in seinem langen Leben die Facetten menschlichen Daseins kennengelernt: Vergeblichkeit und gutes Gelingen, Freude und Schmerz. Er wußte, daß im Menschen immer beides da ist: die eine Seite des Menschlichen: das Schwache, das Hinfällige, das Bruchstückhafte; und die andere Seite des Menschseins: das Erstaunliche, das Großartige, das Über-sich-hinauswachsen.

In seinen „Pensées sur la Religion“ (Gedanken über die Religion) von 1669 beschreibt der französische Existenzdenker und Mathematiker *Blaise Pascal* den Menschen so: „Nur ein zerbrechliches Schilfrohr ist der Mensch, aber ein Schilfrohr, das denkt. Das Weltall braucht nicht viel, um ihn zu vernichten: Ein Windhauch, ein Wassertropfen reicht aus. Aber wenn das Weltall ihn vernichten würde, wäre der Mensch doch größer als das, was ihn zerstört, denn er weiß, daß er stirbt, das Weltall aber weiß nichts davon“ (Pensées: Nr. 347). Der Mensch, ein Wesen, das denkt? – Mag sein. Ein Wesen, das menschlich denkt? – Daran zweifeln viele. Es gibt Leute, die behaupten, der Mensch sei die größte Naturkatastrophe aller Zeiten, er habe seine Vorzugsstellung in der Schöpfung schamlos ausgenutzt. Ein brutaler Herrscher über das Werk Gottes? Ist der Vorwurf nicht in vielem berechtigt, daß wir leben, als wären wir die letzte Generation?

Göttliches Leben

„Was ist der Mensch?“ – Die Frage bleibt, auch wenn wir sie betend an Gott richten. Für den Psalmisten aber und jeden Menschen, der diesen Psalm betet, bleibt in dieser Frage auch die gläubige Feststellung: „… daß du an ihn denkst.“ Gott denkt an uns – das ist der entscheidende Trost in aller Unmenschlichkeit, die entscheidende Ermutigung in aller Menschlichkeit. Indem Gott an uns denkt, schenkt er uns die Chance zur Veränderung. Das Gedenken Gottes hat einen Namen: Jesus Christus. Von ihm heißt es in einer Weihnachtspräfation: „Durch ihn schaffst du den Menschen neu und schenkst ihm ewige Ehre. Denn einen wunderbaren Tausch hast du vollzogen, dein göttliches Wort wurde ein sterblicher Mensch, und wir sterbliche Menschen empfangen in Christus dein göttliches Leben.“

PIERRE STUTZ

Psalm 13

Klagen: eine vergessene Tugend

Wenn ich mich bei Ihnen nach zentralen christlichen Werten und Tugenden erkundigen würde, bin ich fast sicher, daß selten jemand das Klagen erwähnen würde. Auch ich brauchte lange, um den lebensnotwendigen Wert des Klagens in meinem Leben und auf meinem Glaubensweg zu entdecken. Aufforderungen, wie wir sie zum Beispiel im Epheserbrief hören können: „Über eure Lippen komme kein böses Wort, sondern nur ein gutes, das den, der es braucht, stärkt, und dem, der es hört, Nutzen bringt ... Jede Art von Bitterkeit, Wut, Zorn, Geschrei und Lästerung und alles Böse verbannt aus eurer Mitte." (4,29–31; vgl. auch Kol 3,8) hatten seit Kindsbeinen eine viel größere Wirkung auf mich, als die Ermutigung zum Klagen.

Wenn Sie mich fragen, wo ich denn die Tugend des Klagens neu entdeckt und gelernt habe, antworte ich Ihnen ohne Zögern: in den biblischen Klagepsalmen. Mit dieser Entdeckung konnte ich nicht nur die Abspaltung eines Teiles meiner Gefühle überwinden, sondern auch das gefährliche Vergessen der jüdischen Wurzeln des Christentums. Ja, wir Christinnen und Christen sind dauernd in Gefahr, unsere Glaubenswurzeln zu verleugnen. Durch diese Überheblichkeit geht uns auch ein Stück Menschwerdung verloren. Denn wir brauchen neben dem lebensnotwendigen Ideal der Versöhnung auch konkrete Möglichkeiten, wie wir Aggression und Haß in Versöhnung verwandeln lassen können. Auf diesem Versöhnungsweg sind mir die biblischen Klagepsalmen zu einer ermutigenden Lebenshilfe geworden. Der Psalm 13, der sogar als Muster eines Klageliedes gesehen wird, kann uns dabei wegweisend sein.

Klagen, nicht jammern

Am Psalm 13 wird erfahrbar, welche lebensfördernden Werte im Klagen liegen. Da stellt ein Beter die uns allen bekannte Frage „Bis wann ...?" Bis wann werden diese sinnlosen Kriege in unserer Nähe weitergehen? Bis wann werden Kinder und Jugendliche alleingelassen mit ihren Fragen? Bis wann werden Frauen Opfer von Gewalt und Diskriminierung? Bis wann schauen wir der Ausgrenzung von Fremden und Menschen am Rande weiterhin tatenlos zu?

Das Klagen unterscheidet sich zuallererst vom Jammern. Jammern erlauben wir uns viel mehr! Im Jammern liegt die fatalistische Überzeugung, nichts ändern zu können. Im Jammern liegt die Gefahr, im Selbstmitleid stecken zu bleiben und im tiefsten gar keine Hilfe annehmen zu wollen. Das Jammern entfernt mich von meiner Lebenskraft und kann zur Verbitterung führen. Wenn ich ein Leben lang Opfer bleiben will und mich durch Fremdbestimmung verlieren will, dann brauche ich nur weiterhin zu jammern, daß sich eh nichts machen läßt.

Die Theologin *Dorothee Sölle* setzt diese lebensverneinende Grundhaltung zu Recht mit dem Atheismus gleich. Denn da, wo ich sogar in meiner tiefsten Not vertraue, daß für Gott nichts unmöglich ist, bin ich aufgerufen zum Klagen. In jeder Klage liegt ein großer Schrei nach Leben, nach Leben in Fülle. Im Benennen von Ungerechtigkeiten, im Ausdrücken von Verletzungen, Aggression und Wut bin ich am Puls des Lebens und lasse mir den Traum einer Welt, die anders sein kann und muß, nicht einfach nehmen.

In jeder Klage steckt der lange Atem der Hoffnung, der gegen Ungeduld und Resignation kämpft und vertrauensvoll beharrlich Widerstand leistet gegen alle Mächte des Todes. In jedem Klageschrei drückt sich die einmalige Würde jedes Menschen aus. Der Mensch darf als Abbild Gottes niemals Objekt eines billigen Mitleids und Trostes werden, sondern er bleibt unantastbar und einzigartig. Im Klagen liegt der Protest gegen die falsche Verherrlichung des Leidens und eine Wegweisung, wie wir am Leiden wachsen und reifen können.

Leiden an Gott

Eindrücklich bleibt in jedem Klagepsalm, wie auch Gott in das Leiden mithineinbezogen wird. Im Schreien und im Fragenstellen vor Gott drückt sich nicht die Entfremdung aus, sondern die Nähe. „Wer, wenn ich schrie, hörte mich denn?“ fragt *Rainer Maria Rilke* eindringlich in einem seiner Gedichte. Im unaufhörlichen Fragen des 13. Psalms steckt das große Vertrauen, daß Gott hört und mitleidet. Die Klagepsalmen sind entstanden, damit Menschen nicht nur im Tempel, sondern auch bei sich zu Hause, in Krankheit und

Verzweiflung, die Sprachlosigkeit überwinden können und in aller Haltlosigkeit trotzdem an Gott festhalten können. In dieser Vertrauenshaltung wird auch Gott selber in Frage gestellt und angeklagt. Das Leiden an sich selber und an der Ungerechtigkeit wird zu einem Leiden an Gott.

Als Gedichte und Lieder haben die Klagepsalmen eine gemeinsame Struktur, die mit einer Anrede beginnt und im Beschreiben der Notsituation konkretisiert wird. Weil die Beterin und der Beter gegen alle Hoffnungslosigkeit hoffen, haben auch alle Gefühle wie Neid, Wut, Trauer, Angst, Eifersucht, Aggression, Ohnmacht, Hilflosigkeit Platz in diesen Gebeten. Da stehen Menschen zu sich selber, auch zu ihren dunklen Seiten und zu ihrer Erlösungsbedürftigkeit. Mit allem, was ihr Leben ausmacht, wenden sie sich an Gott. Diese Hinwendung mündet oft in ein Bitten und endet oft im Loben.

Ein solcher Stimmungsumschwung, wie wir ihn auch am Ende dieses Psalmes erfahren, ist gar nicht so unrealistisch, wie wir oft auf den ersten Blick meinen. Denn da, wo wir mit Leib und Seele beten, werden die Grenzen fließend. Freude und Leid, Lachen und Weinen, Ohnmacht und Hoffnung, Zweifel und Dank sind nahe beieinander. In der Annahme der Widersprüchlichkeit unserer Gefühle und im Versuch, alles Gott anzuvertrauen, liegt die bleibende Kraft dieser lebensnahen Gebete. Denn Versöhnung wird nur möglich, wenn wir Aggressionen wahrnehmen, ausdrücken und zugleich vertrauen, daß sie verwandelt werden können. Klagepsalmen muten uns zu, diese Spannung auszuhalten, weil Gott selber uns hält und uns Zukunft schenkt, wie dies auch in einer aktualisierten Fassung des Psalmes ausgedrückt wird:

wenn alles nicht wahr wäre

überall höre ich
daß der sozialismus
abgedankt hat
wie wenn der kapitalismus
uns mensch werden ließe

überall höre ich
es gibt wohl einen gott
nur konkret darf er nicht werden

Psalm 13

wie lange muß ich diesen schmerz
ertragen in meiner seele

du
wirst dich nicht beirren lassen
wir menschen warten
alle tage
auf deinen lebensfördernden geist
der den menschen
und nicht das kapital
ins zentrum stellt
damit alle brot und rosen haben

du
wirst uns die verheißung
deiner prophetinnen und propheten
neu in unsere herzen legen
damit uns zukunft geschenkt ist

(Nach Psalm 13,3)

In: Pierre Stutz, Dem Morgen entgegen. Unaufhaltsame Gebete in Stunden der Nacht. 50 aktualisierte Klagepsalmen, Rex Verlag Luzern/Stuttgart 1992, 23.

ROLAND BREITENBACH

Psalm 14

Das Heil kommt von Gott

Genau so habe ich es mir als Kind vorgestellt: Gott sieht aus seinem großen Himmelsfenster auf die Erde herab. Er sieht das Treiben der Menschen; er achtet auf ihr Tun und Lassen. Dann verteilt er, natürlich gerecht, entsprechend Lohn und Strafe. Das gleiche kindliche Bild entsteht in mir, wenn ich den Psalm 14 bete. Allerdings mit einem anderen Akzent: Gott schaut vom Himmel herab auf der Suche nach Menschen, die zu ihm unterwegs sind. Ich frage mich, ob kindliche Vorstellungen immer auch primitive Vorstellungen sein müssen. Ich bin mit der vertrauensvollen Erwartung des Psalmbeters einig: Es ist schön, daß wir an einen Gott glauben können, der uns sucht– jeden einzelnen von uns.

Wer sucht wen?

Es sieht so aus, als sei Gott schon vor uns auf der Suche. Das heißt, es geht uns nicht so wie den Kindern im Spiel, die sich versteckten und dann klagen mußten: Da war keiner, der uns gesucht hat. Gott sucht den Menschen selbst dann noch, wenn viele sagen: „Es gibt keinen Gott!“ Gott nimmt den Menschen ernst; der Mensch ist für ihn selbst dann noch wichtig, wenn er sich treiben läßt, wenn er nichts Gutes tut, wenn er verdorben ist; so wie der Psalm die Menschen nicht nur seiner Zeit beschreibt.

Die Israeliten in der babylonischen Gefangenschaft (vermutlich wurde der Psalm in dieser kritischen Situation des Volkes zum ersten Mal gebetet) und die Christen heute machen ähnliche Erfahrungen: Viele Menschen sind nicht mehr auf der Suche; sie scheinen sich nicht mehr um Gott zu kümmern; ihre Sehn-Sucht geht in eine andere Richtung: Sie leben ihr Leben, als gäbe es sonst nichts. Da ist kaum noch Hoffnung, daß die Menschheit zur Einsicht kommt.

Die Bibel nennt solche Menschen „Narren“, in der Überzeugung, daß schon der gesunde Verstand dem Menschen die Frage nach Gott stellen, ihn auf die Suche nach Gott bringen müßte. Gott hält es zwar mit den verständigen Menschen, mit jenen, die sich um Gerechtigkeit mühen, weil sie um Gott wissen. Und dennoch: Gott bleibt weiterhin auf der Suche: Vielleicht ist wenigstens noch einer unter den Menschen, der Ausschau hält nach ihm?

Die Großzügigkeit Gottes

Gott erweist sich wegen eines einzigen Menschen großzügiger als Abraham. Der handelte einst mit Gott (vgl. Gen 18) um fünfzig, fünfundvierzig, vierzig, dreißig, zwanzig und schließlich um zehn Gerechte in der Stadt Sodom. „Ich werde sie um der zehn willen nicht vernichten", antwortete Gott damals. Aber Abraham gibt auf. Gott gibt nicht auf: Im Psalm bleibt er auf der Suche nach einem einzigen Menschen. Ein Trost für die ganze Menschheit und für mich, der ich mich manchmal wie verloren und aufgegeben vorkomme.

Wenn ich so in mich hineinhöre, dann stelle ich fest, daß in mir selber der gottlose Narr und der gottsuchende Verständige miteinander ringen. Ich muß gar nicht so weit gehen, um den Widerspruch aufzudecken: Oft bin ich wie einer, der Gott sucht; manchmal wieder wie einer, der lebt und der handelt, als gäbe es keinen Gott. Ich spüre: Der Narr in mir hat einen kurzen Verstand. Er ist auf seinen schnellen Vorteil aus, auf die gewaltsame Überlegenheit, auf den trügerischen Erfolg; das alles auf Kosten anderer Menschen. Der Gläubige, der Verständige in mir will mich den langen Atem Gottes lehren, die Geduld und die Gelassenheit, die Zuversicht und das Vertrauen darauf, daß letztlich Gott zum „Geschlecht der Gerechten" steht.

Ich weiß, daß dieser Kampf noch lange nicht ausgefochten ist. Im Gegenteil: Nicht selten gewinnt das Böse in mir die Oberhand, weil ich, nach Art der Narren, auf Böses böse reagiere. Das so mißverstandene Wort Jesu kommt mir in den Sinn: „Leistet dem, der euch etwas Böses antut, keinen Widerstand ..." (Mt 5,39). Damit ist ja nicht gemeint, dem Bösen in dieser Welt seinen Lauf zu lassen, bis es von selbst an sein Ende kommt. Wir wissen: Durch gleichgültiges Zusehen oder durch ängstliches Wegsehen wird es nur noch größer und mächtiger. Wir würden uns mitschuldig machen am Unfrieden und an der Gewalt, an Neid und an Feindschaft.

Die Waffen des Bösen nicht übernehmen

Jesus erwartet von uns, daß wir uns nicht dem Bösen gleichstellen, indem wir Böses mit Bösem vergelten. Wir sollen weder die Waffen des Bösen übernehmen, noch uns vom Bösen das Gesetz des Handelns aufzwingen lassen: also auf eine Verleumdung mit Lügen zu antworten; auf eine Unverschämtheit mit Beleidigungen; auf einen Treuebruch mit dem Aufgeben der Treue. Oder wie es in der Welt der Großen Tag für Tag geschieht: auf Gewalt mit Gegengewalt zu reagieren; auf Intoleranz mit um so stärkeren Angriffen; auf eine hinterlistige Politik mit noch gemeineren Mitteln. Jesus rät: Reagiert nicht; agiert! Handelt im Geist und nach dem Plan Gottes; dann lebt ihr und werdet nicht gelebt.

Nur wer vor Gott ein Narr ist, stellt sich mit dem Gegner oder dem Bösen auf die gleiche Ebene. Der Christ muß sich auf die Ebene des Evangeliums stellen und sich dazu bekennen, daß er sein Leben und damit Gerechtigkeit und Gericht letztlich Gott überläßt.

Das Heil durch Jesus

Um diese Gerechtigkeit Gottes geht es auch in dem Wunsch, der in Vers 7 geäußert wird: „Käme doch vom Zion für Israel Heil." Das ersehnte Heil umfaßt alles, was ein Mensch sich zum Glücklichsein nur wünschen kann: Zufriedenheit, Gesundheit, Geborgenheit, Ganzsein, Mannsein, Frausein; im Frieden zusammenleben, Schmerz und Leid überwunden haben; kurz ein „Leben in Fülle". Das alles kann nur „vom Zion", also von Gott kommen.

Jesus, der von Gott kommt, hat uns dieses „Leben in Fülle" zugesagt: „Ich will, daß sie das Leben haben und es in Fülle haben" (Joh 10,10). Als der Psalmbeter sich nach dem „Heil von Zion" sehnte und seine Bitte formulierte, konnte er noch nicht ahnen, daß Gott dieses Heil ganz persönlich und leibhaftig verwirklichen würde. Was der Beter „Heil" nennt, hat für uns einen Namen: Jeschuah, Jesus. Gott selber wird kommen, sein Volk zu erlösen. Der Immanuel, der Gott-mit-uns, bringt alles Heil der Welt.

Jetzt wandelt sich meine kindliche Vorstellung. Gott hält es eben nicht aus auf seinem himmlischen Balkon. Er geht in Jesus Christus selber in unsere Welt und macht sich auf die Suche nach dem Menschen; er nimmt seine Ängste, seine Prüfungen und seine Krankheiten auf sich. Das Vertrauen des Psalmisten hat sich in unseren Tagen erfüllt: Gott wendet das Los seines Volkes.

THOMAS STAUBLI

Psalm 15

Gottes Zelt auf dem Heiligen Berg

Eine altmodische Frage

Dieses Harfenlied Davids besteht aus einer Frage und einer Reihe von Antworten. Wen fragen wir, wenn wir den Psalm beten, und wer antwortet uns? Gott selber wird angesprochen, und er ist es, der im Gebet gleichsam als Gewissensstimme zu uns spricht. Das Gebet zu Gott wird in diesem Psalm umgemünzt in ein Gebet Gottes zu uns. Da mag es wohl interessant sein zu erfahren, was Gott denn gefragt wird. Einfach gesagt: Gott wird gefragt, wer ihn in seinem Haus besuchen darf.

Für eine Israelitin oder einen Israeliten war klar, was damit gemeint war. Es ging darum, wer berechtigt ist, den Tempel Jahwes auf dem Zionsberg in Jerusalem zu betreten. Dort standen beim „Tor der Gerechtigkeit“, das in den ersten Vorhof des Tempels führte, Leviten, die die Pilgerinnen und Pilger auf Herz und Nieren prüften. Nur die Geläuterten durften den Tempel betreten. Noch bis vor kurzer Zeit funktionierte die Beichte der katholischen Kirche in diesem Sinne. Nur wer seine Sünden bekannt und bereut hatte, durfte zur Kommunion. Heute mutet die Vorstellung grotesk an, daß die Menschen, die in Kevelaer, Einsiedeln oder Maria Taferl aus dem Bus steigen, eine Prüfung ablegen müssen, bevor sie in die Wallfahrtskirche eingelassen werden. Für viele ist bereits die Frage, wer eine Kirche betreten *darf*, absurd, da sie den Kirchgang als eine lästige Sonntagspflicht oder als etwas Stinklangweiliges und nicht als Privileg erfahren haben.

Was Menschen von heute heilig ist

Wenn wir die Frage des Psalms verstehen wollen, müssen wir uns bewußt machen, was denn den Menschen von heute so heilig ist, daß sie es hüten und bewachen und mit Tabus behaften. Folgende Fragen und Antworten können uns davon einen Eindruck vermitteln:

- Wer darf in den Laden eintreten?
  Die eine gültige Kreditkarte besitzen oder in bar bezahlen.
- Wer darf Auto fahren?
  Die die Fahrprüfung bestanden haben, sich ein Auto leisten können und sich an die Verkehrsregeln halten.
- Wer darf auf die Uni?
  Die die besten Noten bekommen haben.
- Wer erhält den Arbeitsplatz?
  Die sich den Gesetzen des Marktes beugen, nicht zu sehr auf den Rechten der Arbeitnehmer beharren und notfalls lieber den Kumpel als den Chef verraten.
- Wer darf Karriere machen?
  Die unabhängig, jung, männlich und weißer Hautfarbe sind.

Was Gott heilig ist

Der Kontrast zu den Antworten Gottes im Psalm ist eklatant. In Gottes Zelt auf dem Heiligen Berg darf Gast sein,
- wer bescheiden ist,
- wer wahrhaftig zu leben versucht,
- wer sich selber gegenüber aufrichtig ist,
- wer beim Reden andern gegenüber ehrlich ist,
- wer sich gegenüber seinen KollegInnen solidarisch verhält,
- wer sich nicht über die Menschen seiner Umgebung lustig macht,
- wer Menschen kritisiert, die ihre Mitmenschen und die Schöpfung quälen,
- wer zu einem gegebenen Wort steht, auch wenn es unangenehm wird,
- wer sein Geld nicht auf Zins ausleiht,
- wer sich nicht bestechen läßt.

Im Zelt Gottes treffen sich demnach Frauen und Männer, die sich für eine Welt in Frieden und Gerechtigkeit einsetzen. Mit ihren Qualitäten haben sie bei den meisten Heiligtümern unserer Zeit geringe Chancen, die Prüfung zu bestehen, ohne sich selbst zu verleugnen. Sie können nicht Karriere machen. Dafür haben sie keine schlaflosen Nächte. Sie brauchen keine Angst voreinander zu haben. Ihr Leben hat Sinn. Sie brauchen nicht in der Freizeit aufzuholen, was sie beim Schuften in der Arbeitszeit verloren haben. Sie müssen nicht in Süchten kompensieren, was ihnen an Leben in einer feindlichen Alltagswelt entgeht.

Im Zelt Gottes treffen sich Menschen, unter denen das Reich Gottes angebrochen ist, die sich also nicht salbungsvoll auf ein besseres Jenseits vertrösten (lassen), sondern die Wunder und Möglichkeiten des Diesseits auskosten. Hier finden sich auch Männer, die Kinder wickeln, mit ihnen einkaufen gehen, das Klo putzen, das Mittagessen kochen … auch Frauen, die dozieren, Betriebe managen, Felder bestellen, Sitzungen leiten … Menschen, deren Antlitz leuchtet, weil sie sich ihren Fähigkeiten gemäß entfalten können und sich deshalb lieben, nicht Menschen, deren Antlitz verhärtet ist, weil sie in Rollenbildern gefangen sind und sich deshalb nerven, frustrieren und hassen.

Auf dem Weg zum gastfreundlichen Zelt

Hast du nicht auch Sehnsucht nach diesem gastfreundlichen Zelt auf dem Heiligtumsberg, nach diesen Menschen, deren Antlitz leuchtet, weil sie in einer wunderbaren „communio", in einer liebevollen Gemeinschaft leben? Nun, der Weg dahin führt durch das „Tor der Gerechtigkeit". Da stehen keine Priester, die fragen:
- bist du getauft?
- bist du römisch-katholisch?
- hast du einen Trauschein?
- hast du nach der Scheidung nicht wieder geheiratet?

Im „Tor der Gerechtigkeit" wirst du gefragt:
- Wie geht es deinem Bruder?
- Wer sorgt für deine Schwester?
- Bewahrheiten sich deine Worte?
- Stehst du auf gegen das Unrecht?
- Was tust du mit deinem Besitz?

Die Gründung des Berges und die Stangen des Zeltes sind die gelebte Nächstenliebe. Solange wir in der Kirche die falschen Auswahlkriterien anwenden, gibt es keinen Berg und kein Zelt, geschweige denn Menschen, die Sehnsucht haben, dort Gast zu sein. Der fünfzehnte Psalm ist Gottes Gebet zu uns um Gerechtigkeit, die sich in der vielfältig konkreten Liebe der Nächsten zeigt. Wer sich darin bewährt, hat Zutritt zu Gottes Zelt. Schrecken wir nicht davor zurück, den Berg, das Tor und das Zelt zu suchen, denn die Suchenden sind schon angekommen.

PAUL DESELAERS

Psalm 19

Licht-Zeugnisse

Mit Raumfahreraugen

„Du siehst aus dem Fenster und blickst, durch 400 000 Kilometer schwarzen Weltraum, zurück auf den schönsten Stern am Firmament. Du bist anderen Planeten nicht nahe genug, um mehr als einen hellen Stern zu erkennen; aber du kannst die Erde betrachten, von Pol zu Pol, und über die Weltmeere und Kontinente blicken. Du verfolgst, wie sie sich dreht, und siehst, daß sie nicht von Seilen gehalten wird, während sie sich in einer Finsternis bewegt, die nahezu unvorstellbar ist. Die Erde ist in Schwärze getaucht, auch wenn du bei strahlender Sonne blickst. Licht gibt es einzig, wenn das Sonnenlicht auf etwas trifft, das es bescheinen kann. Der Raum, den die Sonnenstrahlen durchdringen, bleibt schwarz. Und zwar deshalb, weil das Licht nirgendwo auftrifft. Das Licht trifft nirgendwo auf, und deshalb sieht man nichts als Schwärze. Worauf schaust du? Durch was schaust du? Du kannst es das Universum nennen, aber es ist die Unendlichkeit des Raumes und die Unendlichkeit der Zeit." – Der das sagt, blickt mit Raumfahreraugen auf unsere Erde: der US-Amerikaner *Eugene Cernan,* der drei Weltraumflüge miterlebt hat.

In einem wunderbaren und zugleich erschütternden Buch[1] sind viele solcher Aussagen von Astronauten Weltraumfotos zugeordnet. Mich hat das tief beeindruckt, vor allem diese Entdeckung: „Licht gibt es einzig, wenn das Sonnenlicht auf etwas trifft, das es bescheinen kann." Wir leben also mitten in der finstersten Schwärze des Weltraums. Und nur, weil es Licht gibt, das ausgerechnet uns trifft, leuchtet alles und wird alles farbig. Denn wir können das auftreffende Licht ausstrahlen. Das Wunder des Lebens und der Erde ist da geradezu sichtbar: Licht strahlt auf unsere Erde, und es strahlt auch zurück.

Unsere Vorstellung vom Leben, von der Menschheit, von der Erde wird hier von außen verändert. Und es gibt Entdeckungen über Entdeckungen. Licht-Zeugnisse.

Mit Dichteraugen

Vorhin haben wir Ps 19 gesungen (s. GL 713/714). Nicht von außen blickt der Dichter auf die Erde, sondern von der Erde selbst. Er ist vom Licht getroffen, und jetzt strahlt er Licht aus. Was ist mit seinem Licht-Zeugnis?

Vom Wunder der Sonne

Im ersten Hauptteil des Psalms (VV. 2–7) umschreibt er das Wunder des äußeren Lichts. Der Himmel und die Sonne geben den Menschen ein Lichtzeugnis: Alles, was Gott geschaffen hat, gilt den Menschen. Er gibt der ganzen Erde Ordnung, Stabilität, Klarheit und Übersicht –, eben Leben, das diesen Namen verdient. Das Staunen über den Sonnenlauf hat ihm selbst das Staunen über den Schöpfergott eröffnet, der in seiner Schöpfung und für die Menschen in einer unerschöpflichen Frische, in einer alles erfassenden Kraft und Reichweite da ist.

Wer die Schöpfung verstehen und die Erde als faszinierenden Organismus lieben lernt, der stößt auf den Gott, von dem der Psalmist kündet. Wer aber umgekehrt auf ihn stößt, stößt zugleich auf seine Schöpfung. Es gibt in dieser Schöpfung, auf dieser Erde geradezu eine göttliche Rahmenordnung. Wer sie entdeckt, ahnt die Herrlichkeit Gottes. Sei es im Staunen über die Kräfte der Natur und des Lebens, sei es im Staunen über die Elemente der Welt und des Kosmos oder über die Ordnung der Atome und Gene. Der Psalmist richtet seinen Blick allein auf diese Seite der Schöpfung und fragt hier nicht nach den schweren Rätseln und undurchdringlichen Finsternissen, die es auch gibt. Die Sonne ist ihm Inbegriff und Bild der Herrlichkeit des Schöpfergottes, auch wenn sie nicht selbst Gott ist. Doch in ihrem Lauf kündet sie von Gott, der den Menschen und allem Lebendigen Leben gibt und es erhält.

Vom Wunder der Weisung

Im zweiten Hauptteil des Psalms (VV. 8–11) wird die Tora, die Weisung Gottes, mit der Sonne in Verbindung gebracht und als wahre Sonne Gottes für das Leben des Gottesvolkes hingestellt. Die Tora wird geradezu zum inneren Licht, das den Kern des Menschen erreichen will. Kostbarer als alles, worauf die Sehnsucht eines Menschen sich richtet, sei es Gold oder Honig oder ..., sei sie. So wird sie beschrieben. Denn die Weisung Gottes macht den Menschen nicht klein, sondern groß. Sie läßt ihn aufrecht gehen. „Sie erleuchtet die Augen“ (V. 9b). Damit ebnet sie den Lebensweg.

Unter der Weisung wird das Leben, wenn es sich dieser Sonne öffnet, farbig, lebendig, bunt, erfreulich. Denn die Weisung spricht auch von Gott, ja sie ist Inbegriff seiner Treue und Zuwendung. Die vielen Gebote in der einen Weisung sind der größte Schatz, den der Psalmdichter kennt. Weit mehr als Orientierungsstütze ist die Weisung Gottes, die Gabe seiner verläßlichen Nähe, seiner Menschensorge, seines Lebenswillens für die Menschen. Gegenüber der Kompetenz von Menschen ist der Psalmist entsprechend kritisch. Alles kommt auf Gottes Willen an, auf seine Weisung. Denn sie allein ist durch und durch gerecht, lebensfördernd, wohlwollend, sie hat den konkreten einzelnen Menschen mit seiner persönlichen Biografie im Auge – und die Menschheit im ganzen.

Indem der Psalm nicht müde wird, die Vorzüge der Weisung Gottes zu beschreiben, geht es ihm für jeden Menschen um die Achtsamkeit auf Gottes Gegenwart in seinen Weisungen. Aus der Gewißheit, daß die Sonne der Tora/Weisung in uns hineintrifft und aufstrahlt und zu Gott zurückstrahlt, erwächst die zuversichtliche Freude des Dichters.

In der Spannung des Neuen

Der dritte Hauptteil (VV. 12–14) bezieht sich darauf, daß es in jedem Leben auch die Kontrasterfahrung gibt, neben dem Gelingen das Schuldiggebliebensein, neben der Vermessenheit das Vertrauen, neben der Lüge die Stimmigkeit. Aus solchen Kontrasten und Spannungen erwachsen die Bitten (VV. 13b.14a). Hier wird der Dichter ausdrücklich zum Beter. Er will sich dem innersten Lebensgesetz ganz unterstellen und sucht Frieden in den An-Geboten Gottes, in seiner Weisung. Denn wahre Aussichten sieht er nur mit Gottes Weisungen, die die einzig wahren Anhaltspunkte im Leben sind: für seine Treue und unsere Hoffnung. Alles andere verführt zur Verengung und Auszehrung. Darauf baut dieser Beter. Gottes Weisung, die Entdeckung der Sonne, die innen und außen alles durchdringt, öffnet ihm den Mund. Ohne diese Sonne ist alles wacklig und fraglich. Das ist sein Fund.

Ein russischer Astronaut sagt nach seinem Weltraumflug: „Während eines Fluges im Kosmos ändert sich die Psyche eines jeden Kosmonauten. Wenn du die Sonne, die Sterne und unseren Planeten ansiehst, gewinnst du mehr Lebensfreude, wirst milder, bekommst eine innigere Beziehung zu allem Lebendigen und entwickelst ein gütigeres und duldsameres Verhältnis zu deinen Mitmenschen. Jedenfalls ist es mir so ergangen." Und ein Amerikaner sagt rückblickend: „Du bist hier in der vordersten Linie und mußt deine Erfahrung an die Leute, zurück nach Hause bringen. Und das ist eine ganz besondere Verantwortung; sie sagt dir etwas über deine Beziehung zu dem, was wir Leben nennen. Darin liegt eine Veränderung. Es ist etwas Neues."

Erweiterte und vertiefte Empfänglichkeit

Dieses Neue verbindet den Psalmisten, die Astronauten und vielleicht auch uns auf verschiedene Weise. Mir scheint, auf folgende: Der lebendige Gott zeigt sich je und je von sich aus. Dem einen vermittelt er eine staunende Ahnung, dem anderen läßt er sein Lebensangebot aufgehen und es ergreifen, wieder jemand findet dahin, sich an das göttliche Gegenüber neu zu binden. Die Frage ist, wo seine Sonne auftreffen kann.

Die Erkundung der Astronauten wie des Psalmisten kann uns zudem aus der Enge unserer Lebens-, Welt- und Gottessicht herausführen und uns zeigen, daß wir unsere Empfänglichkeit für den Gott des Lebens erweitern und vertiefen können in Richtungen, die wir vielleicht erst ahnen, aber noch nicht in Worte fassen können. Wenn wir suchen, wie Gott sich neu, wie er sich groß und wie er sich klein zeigt, dann wird daraus eine liebende Einstellung erwachsen zu allem, was lebt –, und zu dem, der dieses Leben gibt. Das Beten/Singen dieses Psalms kann neue Verbundenheit zu dem schaffen, der sich als „Fels und Erlöser" (V. 15) erwiesen hat und als solcher weiterhin erweisen wird und will.

---

[1] Zitat aus „Der Heimatplanet", herausgegeben von Kevin W. Kelley für die Association of Space Explorers. Copyright © 1989 by Zweitausendeins, Postfach, D-60381 Frankfurt am Main.

HANS-JOACHIM REMMERT

Psalm 22

Hast du mich verlassen?

Wo bleibst du, Gott?

Wann
wenn nicht
um die neunte Stunde

als er schrie
sind wir ihm
wie aus dem Gesicht geschnitten

Nur seinen Schrei
nehmen wir ihm noch ab
und verstärken ihn
in aller Munde.

Eva Zeller, Heidelberg

„Mein Gott, mein Gott, warum hast du mich verlassen?" (Mt 27,46/Mk 15,34) – Wann, wenn nicht um die neunte Stunde, als Jesus diesen Schrei zum Himmel sandte, sind wir ihm wie aus dem Gesicht geschnitten? Ich denke dabei an das Gebet einer kranken Frau auf der Intensivstation:

„Sie sagen, mein Herz sei noch stark, Gott. Auch eine Lüge, denn von Tag zu Tag pocht es hastiger, härter, bockiger, böser, verzweifelter. Es klopft an Türen, die verschlossen bleiben, und fragt Menschen, die einer Antwort ausweichen. Sie meinen es gut mit mir, aber sie stoßen mich damit in einen Abgrund an Isolation. Und wo bleibst du, Gott? Auch du bist weit, weit weg. Hast auch du Angst vor Schläuchen, der Technik, dem Geruch nach Perfektion, nach meinen Fragen?"

Hildegard Kremer, aus: *P. Neysters / K. H. Schmitt,* Denn sie werden getröstet werden. Das Hausbuch zu Leid und Trauer, Sterben und Tod, München, 1993, S. 46

„Wo bleibst du, Gott?“ Läßt auch du mich in dieser Situation, in der ich dem Tod ins Auge schaue, allein? Hast auch du mich verlassen?

Der Psalm 22 – von der Klage zum Lobpreis, von der Ferne zur Nähe Gottes

Die drängende Frage der Frau, die auch Jesus am Kreuz stellt, findet sich schon beim Beter des Psalms 22. Auch er ist von schwerer Krankheit gezeichnet, spürt den Tod nahe: „Meine Kehle ist trocken wie eine Scherbe, die Zunge klebt mir am Gaumen, du legst mich in den Staub des Todes“ (V. 16). Auch er findet bei den Menschen, die ihn umgeben, keinen Zuspruch mehr. Er fühlt sich vor ihnen wie ein schwächlicher Wurm, den man zertreten kann. Sie lassen ihn nicht mehr Mensch sein, wie er es gerne sein möchte. Er fühlt sich von ihnen erniedrigt (V. 7). Am schlimmsten ist für ihn, daß sie eigentlich schon mit ihm abgeschlossen haben. Sie sperren nur noch ihren Rachen auf, um sein Erbe zu erhaschen. Ja, sie werfen schon das Los um seine Kleider (V. 19). Die Menschen machen ihm weder Mut, noch geben sie ihm das Gefühl von Nähe. In dieser Situation, in der er sich von den Menschen verlassen fühlt, fragt er nach Gott. Er ruft bei Tag und bei Nacht, aber er findet keine Antwort; er findet nicht die Ruhe, die Kraft, die er sich von Gott erhofft (V. 3). Und so schreit er seine Klage zum Himmel: „Mein Gott, mein Gott, warum hast du mich verlassen, bist fern meinem Schreien, den Worten meiner Klage?“ (V. 2)

Aber er bleibt dabei nicht stehen. Er sucht den Dialog mit Gott. Er redet nicht über Gott, sondern mit Gott. Er redet ihn an: Du, Gott! In dieser Anrede Gottes, in diesem seinem Beten hadert er bitter mit Gott und seiner Situation. Er schreit sein Leid geradezu hinaus. Er schweigt nicht. Er beschönigt nichts. Dabei fragt er sich auch: Wer bist du überhaupt für mich, Gott? Wie stehe ich zu dir und du zu mir? Die erste Antwort, die er darauf findet, ist: Du bist der Gott meiner Mütter und Väter, meiner Urahnen. Sie haben dir ihr Leben anvertraut, und sie haben damit gut gelebt. Sie haben ihr Leben und Sterben in deiner Hand geborgen gefühlt (V. 5f). Darüber kommt er zu einer zweiten Antwort: Eigentlich haben nicht nur meine Ahnen diese Erfahrung gemacht, eigentlich habe ich deine Nähe immer gespürt. Seit meiner Geburt bist du bei mir (VV. 10/11).

Indem der Psalmbeter so mit Gott ringt und hadert, wird aus der anfänglichen Ferne nach und nach Nähe. Er spürt, daß Gott sein

Gesicht nicht vor ihm verborgen hat, daß er ihn in seinem Elend nicht verachtet (V. 25). Der Psalmbeter findet Gott, da er mit ihm redet. Wir erfahren dabei nichts darüber, ob die Krankheit des Psalmbeters geheilt wurde. Der Lobpreis, mit dem sein Gebet endet, gilt nicht der Heilung, sondern der Treue Gottes, damit also der Erfahrung seiner Nähe (V. 26).

Er ist denen nahe, die ihn rufen!

Indem der Psalmbeter zu Gott betet, ihn mit „Du“ anredet, anstatt über ihn zu reden, findet er einen Weg vom Klagen zum Loben, von der Ferne zur Nähe Gottes. Der jüdische Philosoph und Theologe *Martin Buber* hat einmal gesagt: „Wenn an Gott glauben ... bedeutet, von ihm in der dritten Person reden zu können, glaube ich nicht an Gott. Wenn an ihn glauben bedeutet, zum ihm reden zu können, glaube ich an Gott."

Wir können am Krankenbett noch so schöne Worte formulieren, die tollsten Predigten halten – es sind leere Worte, wenn es nur Worte über Gott sind, die nicht den Kranken animieren, sich selbst auf den Weg zu machen, den Dialog mit diesem DU zu suchen. Gott läßt sich nicht einfach vermitteln. Er ist denen nahe, die ihn anreden, die mit ihm hadern und ringen, die ihm ihre Sorge und ihr Leid ausbreiten. Er ist denen nahe, die ihn rufen – auch wenn das nicht immer körperliche Heilung bedeutet. Aber aus dieser Erfahrung seiner Nähe wächst die Kraft, mit Schmerz und Leid umzugehen.

Eine Frau, deren Körper so von Metastasen angegriffen war, daß sie den Tod nahe spürte, schickte mir ein paar Wochen vor ihrem Tod eine Postkarte. „Mit meinem Gott überspringe ich Mauern“, waren ihre letzten Worte an mich. Gott ist denen nahe, die ihn rufen. Ich wünsche Ihnen und mir, daß wir wie diese Frau, wie der Beter des Psalms 22 diese beglückende, Kraft gebende Erfahrung machen dürfen, wenn sich uns die Einsamkeit des Todes naht.

CLEMENS DIETZ

Psalm 23

Hirte(n) für schwarze und weiße Schafe

Wenn ich den Psalm 23 betend lese, kommt mir manchmal spontan der Gedanke: „Ja, da ist etwas von der Fülle des Lebens beschrieben!“ Das sind die Zeiten, in denen mir die Worte des Psalmisten geradezu ans Herz wachsen – dann ist der Psalm 23 mein Lieblingspsalm. Der Tisch ist reichlich gedeckt, die Speisen darauf lassen mir das Wasser im Munde zusammenlaufen, die kühle Frische des Quellwassers macht mich quicklebendig, der Duft des Salböls betört meine Sinne, der Wein im vollen Becher will mir munter auf der Zunge zergehen – und steigert meine Lebensfreude, die Nähe einer helfenden Hand gibt mir Sicherheit und rührt meine Zärtlichkeit an … wahrhaftig: „Fülle des Lebens“.

Aber gleichzeitig beschleicht mich ein seltsames Gefühl: Sind diese Worte nicht fast zu schön, um wahr zu sein? Ist das Bild vom guten Hirten, das hier vor meinen Augen und in meinem Herzen gemalt wird, nicht zu idyllisch? Kann ich dieser Idylle trauen? Oder wird mir diese Idylle erst beim genaueren Hinsehen und Hinhören „ins rechte Licht“ gesetzt – in ein ehrliches, wahrhaftiges Licht?

Störungen im Psalmengesang

Mit diesen seltsamen Gefühlen im Bauch und im Herzen lese ich mir diesen Psalm von Hirt und Schaf noch einmal vor … … und dann stehen mir seine Worte manchmal wie ein Trugbild vor Augen; seine schmeichelnde Melodie klingt mir fremd in meinen Ohren. Ich werde stutzig, ja sogar mißtrauisch. Ich beginne eine zweite Stimme dazwischen zu blöken – mitten in das Lied der weißen Schafe, derer, denen es gut geht. „Nichts wird mir mangeln“, sagen sie mit fast schon egoistischer Überzeugung. Und was ist mit den vielen, vielen anderen, denen das Nötigste und Notwendigste zum Leben fehlt – ein Leben lang? Wenn mir mein Reden von Solidarität und Geschwisterlichkeit nicht nur leeres Geschwätz ist, kann ich dann einfach sagen: „Mir fehlt nichts?“

Manchmal scheint es, als würden nur lauter weiße Schafe in der Herde des Hirten einen Laut von sich geben. Die schwarzen Schafe, die im Dunkel sind, im Abseits, am Rande des Abgrunds, in der Isolation, – die sieht man nicht; sie haben keine Stimme. Solange mir aber Brüder und Schwestern als Teilhaber an der Fülle dieses Psalmengesangs fehlen, erhebe ich meine Stimme – und blöke eine zweite Stimme zwischen die Zeilen der Melodie, die dann oft gar nicht so melodisch klingt …

Der Psalm der schwarzen Schafe

… und ich stimme in das lautlose Geschrei der schwarzen Schafe mit ein, gebe den Stimmlosen meine Stimme: „Mir fehlt alles – das Not-Wendigste zum Leben, das Glück, der Mut und die Hoffnung auf eine lebenswerte Zukunft. Ich werde hineingetrieben ins Unglück von den brutalen Klauen meiner Feinde. Ihre Fratzen verhöhnen und verspotten mich. In tödlicher Finsternis muß ich vorankriechen, tastend und hilfesuchend. Mit Ketten und Prügeln foltert man mich zu Tode. Niemand verbindet meine Wunden. Keiner gibt mir zu essen. Voller Verzweiflung schreit alles in mir um Hilfe, aber es ist niemand da, der mich tröstet. Mein Leben ist ohne Hoffnung." So schreit das Psalmgebet der schwarzen Schafe zum Himmel – und in unser Gesicht.

Gott Jahwe – Herr und Hirte

Die mißklingenden Stimmen der schwarzen Schafe stellen auch Hirtenidylle und liebliche Weide am Wasser in Frage – ein Hirte im Grünen, umgeben von frommen Schäfchen unter sanftem Hirtenstab? Ein solcher Hirte soll der Herr sein?

Der Herr, den der alttestamentliche Psalmbeter hier anspricht – er sprengt jedes Klischee und alle Idylle: Gott Jahwe als „Freund des Lebens" ist ein treuer und sorgender Gott. Sein Schutz und Segen zeigt sich in der Wegbegleitung des Psalmbeters: Es ist ein Weg des Heil-Werdens und des Heils. Der Beter weiß sich als Gast bei seinem Gott. Jahwe ist ein wohltuender Gastgeber, der sich um Leib und Seele seines Gastes sorgt. Seine Güte und Huld gipfeln in der unbegrenzten Zusage einer Wohnstätte in seinem Haus.

Jesus - der gute Hirt

Der Orient mit seinen Nomaden, Hirten, Ziegen- und Schafherden ist die Lebenswelt Jesu, aus der heraus er seine „Hirten-Worte“ und seine Bildvergleiche vom guten Hirten und seiner Herde in Worte faßt. Hirtenschaft und Gastfreundschaft des Gottes Jahwe nehmen in Jesus persönlich Gestalt an. Jesus, der Herr, der Hirte seines Volkes - er weiß um seine weißen Schafe, aber er kennt genauso die himmelschreienden Mißklänge und hilfesuchenden Zwischenrufe seiner schwarzen Schafe. Dieser Herr rückt die Bilder von der Fülle des Lebens wieder ins rechte Licht: Hirte-Sein, Gastfreundschaft, Weggemeinschaft, Solidarität und Mitleid - das alles und noch viel mehr nimmt in Jesus von Nazaret, in Jesus, dem Gesalbten, dem Christus menschliche Gestalt an.

Jesus - der Hirte zwischen weißen und schwarzen Schafen

Jesus hat selbst - ganz und gar - Todesschluchten durchkrochen und durchlitten. Er ist in seinem Leiden den Ohnmächtigen und Hoffnungslosen ein Freund und Bruder. Mit dem Stab des Kreuzes tritt er heraus aus den unzähligen Tälern des Todes. Er neigt sein Ohr und sein Herz ebenso den schwarzen Schafen und ihren schrillen Zwischentönen und hilfesuchenden Schreien zu. In Jesus wird die „Fülle des Lebens“ - mit seinen Höhepunkten und mit seinen abgrundtiefen Schluchten - lebendige Verheißung. Seine Botschaft von Hirtenschaft und Gastfreundschaft bekommt auch heute, in den „Freunden des Lebens“ unserer Zeit die Gesichter, Hände und Herzen lebendiger Kundschafterinnen und Kundschafter.

Gute Hirten - gute Menschen

Die „Fülle des Lebens“, die mir in seinen Höhen und Tiefen im Psalm 23 begegnet, macht mir im Angesicht dieses Herrn und Hirten, Jesus von Nazaret, keine zwiespältigen Gefühle mehr. Es ist für mich ermutigend, daß mir die Hoffnung seiner Botschaft auch heute noch - hier und da - in den Menschen meiner Zeit aufstrahlt:

Diese Menschen sind wie gute Hirten für mich; Menschen, die mich gern haben, die mit mir gehen; Menschen, die ehrlich zu mir sind, die mit mir lachen und weinen; Menschen, die mir zeigen, daß mein Alltag voller Lebensmöglichkeiten ist.

PETER GRANIG

Psalm 25

Gespräch mit dem Beter

„Gespräch mit dem Beter“

„Es gab eine Zeit, in der ich Tag um Tag in eine Kirche ging, denn ein Mädchen, in das ich mich verliebt hatte, betete dort kniend eine halbe Stunde am Abend, unterdessen ich sie in Ruhe betrachten konnte“.

So beginnt *Franz Kafkas* Erzählung „Gespräch mit dem Beter“. Neben diesem schwarz gekleideten Mädchen gab es in der Kirche noch andere Beter. Aber sie nahm der Dichter erst wahr, als eines Abends das Mädchen nicht gekommen war. Da fiel zunächst ein junger Mann auf, der sich mit seiner ganzen mageren Gestalt auf den Boden geworfen hatte und von Zeit zu Zeit mit aller Kraft seinen Schädel seufzend in seine Handflächen schmetterte, die auf den Steinen auflagen. Dies wiederum erregte die Aufmerksamkeit „einiger alter Weiber, die oft ihr eingewickeltes Köpfchen mit seitlicher Neigung drehten, um nach dem Betenden hinzusehen“.

Der Erzähler findet das Benehmen des jungen Mannes ungebührlich und beschließt, ihn anzureden, wenn er aus der Kirche geht. Er will ihn ausfragen, warum er in dieser Weise bete. Das gelingt aber erst nach mehreren Versuchen. Über Inhalt und Motiv des Betens erfährt der Erzähler so gut wie nichts. Vielmehr verstärkt sich in ihm der Eindruck, daß er es mit einem Geistesgestörten zu tun habe. Das Gespräch mit *diesem* Beter verläuft also ergebnislos. Er gibt über sein Beten keine Auskunft.

Beten als Ekstase?

Ganz anders, wenn wir in ein Gespräch mit dem Beter von Psalm 25 eintreten. Über äußere Haltung und Gebetsgesten erfahren wir nicht viel. Dafür aber um so mehr über Inhalt und Motiv seines Betens, ja, über Grundfragen des Betens überhaupt.

Gleich der erste Vers ist zu einem „Klassiker“ über das Beten geworden, eine Art Definition: „Beten heißt, seine Seele (wörtlich: Stimme, Kehle) zu Gott zu erheben." Beten ist ein Erheben, eine Unterbrechung, ein Heraustreten, ein ekstasischer Vollzug des Menschen. Für den Beter von Psalm 25 ist das „Erheben der Seele" eine gute Übung geworden. Er tut es gerne. Es gelingt ihm ohne Mühe – im Gegensatz zur Erfahrung vieler Menschen heute. Sie haben nicht mehr die Kraft, ihre Seele zu erheben. Sie scheitern schon an dieser ersten Hürde, noch bevor sie ein Wort über die Lippen bringen. Die Schwerkraft scheint unüberwindlich zu sein.

Woher diese Diskrepanz? Die Antwort des Psalmisten ist klar. Er betet, weil er auf Gott vertraut. Sein Verhältnis zu Gott ist von keinem Zweifel angekränkelt. Er ist mit Gott „per Du". Gott ist sein „Herr". Er redet ihn als „mein Gott" an. Gleich im ersten Anlauf legt er sein ganzes Leben in die Hände Gottes. Denn er weiß: Gott läßt niemanden fallen, der auf ihn hofft. Das alles vermag er aufgrund seiner Erfahrung auszusprechen. Die Kraft zum Erheben der Seele schöpft er aus dem Vertrauen auf Gott. Das Vertrauen auf Gott wiederum bringt er im Erheben der Seele zum Ausdruck.

Damit hat der Psalmist eigentlich schon erschöpfend Auskunft über sein Beten gegeben – gültig für alle Zeiten. Aber, wer den ganzen Psalm befragt, wird noch mehr erfahren.

Eine Kaskade von Bitten

Der Beter vom Psalm 25 hat viel auf dem Herzen, mit dem er sich an Gott wendet. Er bittet Gott

- um Führung und Belehrung auf seinem Lebensweg,
- um Nachsicht mit den Sünden seiner Jugend und um Vergebung der Schuld seines ganzen Lebens,
- um Zuwendung in seiner Einsamkeit und Niedergeschlagenheit,
- um Befreiung von Ängsten des Herzens und aus allen Bedrängnissen,
- um aufmerksamen Blick auf die Not und Plage, die ihn bedrückt,
- um Abwehr der Feinde mit ihrem tödlichen Haß,
- um Bewahrung des Lebens vor dem Scheitern,
- um Erlösung für Israel (womit der Beter zum Fürbitter wird und der Gefahr individualistischer Enge entgeht).

Warum so viele verschiedene Bitten auf einmal? Ist der Beter etwa zerstreut? Oder packt er wahllos aus, was sich im Laufe der Jahre in seinem Gebetsrepertoire angesammelt hat? Der Grund ist ein anderer. In der Weisheitsschule hat er eine Methode gelernt, die er auch auf sein Beten anwendet: jeden Vers seines Psalms beginnt er der Reihe nach mit einem der 22 Buchstaben des hebräischen Alphabets. Deshalb die aneinandergereihten Bitten so verschiedenen Inhalts – teils formelhaft, teils originell.

Lex orandi – lex credendi

Der 25. Psalm kennt nicht nur vertrauensvolles Bitten. Es wird immer wieder unterbrochen durch das Bekenntnis zu Gott, das Fundament einer solchen Haltung ist. Im einzelnen werden genannt:
- Gottes Erbarmen und die Taten seiner Huld seit Ewigkeit,
- Gottes Güte und Gerechtigkeit,
- Gottes verläßliche Führung und Leitung, mit der er besonders die Gebeugten stützt,
- Gott, dessen Wege Huld und Treue sind,
- Gott, der die Seinen auch schon mit irdischem Glück belohnt,
- Gott, der aus Gefangenschaft, Bedrängnis und Ängsten befreit,
- Gott, der die Schuld vergibt,
- Gott, der Schutz bietet gegen ein ganzes Heer von Feinden.

Das begründende „denn" in Vers 3 hat großes Gewicht. Gott ist immer der erste. Er hat schon gehandelt, bevor wir ihn anreden. So ist unser Beten immer nur Antwort auf Gottes Tun an uns. Wir sind immer die zweiten. Psalm 25 ist ein Musterbeispiel für den alten Grundsatz: Lex orandi – lex credendi. Beten und Glauben, Liturgie und Dogma stehen miteinander in Wechselwirkung wie kommunizierende Gefäße.

Introitus zum Advent

Die ersten drei Verse des 25. Psalms („Zu dir Herr, erhebe ich meine Seele ...") haben in der Liturgie der Kirche einen bevorzugten Platz gefunden. Sie bilden den Introitus der Liturgie des 1. Adventssonntags, somit auch des gesamten Advent und des Herrenjahres überhaupt. Diese Worte der Sehnsucht wollen den christlichen Advent und unser ganzes Leben prägen. Die jüdische Lyrikerin *Nelly Sachs* hat begriffen: „Alles beginnt mit der Sehnsucht." Als Ausdruck der Sehnsucht nach Gott hilft uns der 25. Psalm bei der Unterscheidung der Sehnsüchte des eigenen Lebens und der Sehnsüchte unserer Zeit.

Klassische Gebetsworte

Der 25. Psalm schenkt uns Gebetsworte, die so kostbar sind, daß sie zum Gebetsschatz gehören, den wir auswendig kennen und so immer parat haben sollten. Dazu gehören besonders die Verse 1–2: „Zu dir, Herr, erhebe ich meine Seele, mein Gott, auf dich vertraue ich." (Musikalischen Ausdruck hat dieser Vers im Lied „Zu dir, o Gott, erheben wir ..." Gotteslob Nr. 462, gefunden). Oder der Vers 4: „Zeige mir, Herr, deine Wege, lehre mich deine Pfade!" Oder der Vers 10: „Alle Pfade des Herrn sind Huld und Treue."

Wir haben jetzt ein Gespräch geführt mit dem Beter des Psalms 25. Es war bezüglich Inhalt, Gottesbild, Grundhaltung und Form äußerst ergiebig – ganz anders als das Gespräch Kafkas mit dem „Beter". Aus den ersten Worten des Psalmisten „Zu dir, Herr, erhebe ich meine Seele" wage ich sogar die Folgerungen für die äußere Gebetshaltung zu ziehen: Wer seine Seele (seine Stimme, seine Kehle) zu Gott erhebt, ist ganz auf das angeredete „Du" ausgerichtet – auch mit seinem Leib. Und was zunächst nur im Vollzug des Betens erfahren wird, kann allmählich zur Grundhaltung des ganzen Lebens werden.

RAINER DILLMANN

Psalm 27
„Dein Angesicht, Herr, will ich suchen"

Mein Herz denkt an dein Wort: ‚Sucht mein Angesicht!'
Dein Angesicht, Herr, will ich suchen.

So lautet das Leitmotiv unseres Psalms. Der Psalmist spricht es aus in Bedrängnis und Not. Dieser Gedanke gibt ihm selbst dann noch Hoffnung, wenn Gott fern zu sein scheint und er schreien muß, damit Gott ihn hört: *Vernimm, o Herr, mein lautes Rufen!*

Gottes Angesicht suchen, um ihn selbst zu schauen – in solchem Verlangen des Beters können wir unsere eigenen Wünsche und Sehnsüchte wiederentdecken. Vielleicht werden wir an die großartigen Bilder erinnert, die uns der Prophet Jesaja in seiner Vision schildert. Er schaut Gott, sitzend auf einem hohen und erhabenen Thron. Der Saum seines Gewandes füllt den Tempel. Serafim stehen über ihm; jeder von ihnen hat sechs Flügel; mit zweien bedecken sie ihr Angesicht, mit zweien ihre Füße und mit zweien fliegen sie (vgl. Jes 6,1–2). Mich hat dieses Bild immer beeindruckt und mir die Heiligkeit Gottes, aber auch seine Unnahbarkeit vor Augen geführt.

Gott suchen in der Not

Dies ist jedoch nicht das Angesicht Gottes, das der Beter in seiner Not sucht. Vor einem solchen Bild kann man nur erschaudern – und genau das ist auch die Reaktion des Propheten. Ganz anders der Psalmbeter: Er schreit in seiner Not und Bedrängnis zu Gott: *Verbirg dein Angesicht nicht vor mir!* Ein solch fordernder Ton scheint vor der Erhabenheit Gottes fehl am Platz.

Der Psalmist sucht einen Gott, an den er sich in seiner Not und Verzweiflung wenden kann. Er will wohnen im Hause Gottes, seine Freundlichkeit schauen und nachsinnen im Hause des Herrn. Hier weiß er sich geborgen, erfährt Befreiung von Not und Elend; hier kann er seinem Gott ganz nahe sein, fühlt er sich sicher vor seinen Feinden.

Wahrscheinlich fällt es uns nicht leicht, die Gedanken und Gefühle des Beters nachzuvollziehen. Soll die bloße Anwesenheit im Tempel uns befreien von unserer Trauer und unseren Ängsten? Sollen wir in einem Haus, von Menschen erbaut, sicher sein vor denen, die uns bedrängen? Sind das nicht trügerische Hoffnungen, die schwerlich tragen?

Wenn wir so denken, haben wir die Bilder des Psalms gründlich mißverstanden. „Gott schauen“ ist für den biblischen Menschen Inbegriff innigster Gemeinschaft mit Gott; wer Gottes Angesicht sucht, hat die richtige Einstellung zu Gott und zu sich selbst. „Gottes Angesicht suchen“ ist deshalb für den Beter das Leitmotiv seiner Hoffnung, gerade wenn Gott fern zu sein scheint. Seine Glaubenserfahrung und -überzeugung befähigt ihn, trotz Not und Bedrängnis so zu beten.

Vertrauen auf Gott

Ein unerschütterliches Vertrauen spricht bereits aus den ersten Worten:

Der Herr ist mein Licht und mein Heil.
Vor wem sollte ich mich fürchten?
Der Herr ist die Kraft meines Lebens:
Vor wem sollte mir bangen?

Zwar weiß der Beter sich von Feinden umringt; er bleibt jedoch voll Zuversicht. Ja, wenn auch Vater und Mutter ihn verlassen, er bleibt sich sicher: *Der Herr nimmt mich auf.*

Dieses Vertrauen auf Gott wird zu einer Anfrage und Herausforderung an uns Christen. Wie gehen wir mit unseren großen und kleinen Ängsten um, mit den Fragen, die uns begleiten, wenn wir nach dem Sinn unseres Lebens suchen, aber auch mit unseren alltäglichen Sorgen und Nöten? Sind wir fähig zu beten: *Ich bleibe dennoch voll Zuversicht?*

Werfen wir einen Blick auf die Kirche. Sicher, die Zeichen der Zeit scheinen nicht gerade günstig zu sein. Der Verlust der Kirche an Einfluß im öffentlichen Leben ist allenthalben zu spüren. Fragen wir uns selbst: Wenn wir an die Zukunft der Kirche denken, sind wir dann eher von Angst und Sorge getrieben, oder sind wir mehr von Hoffnung erfüllt? Können wir einander ermuntern mit den Worten: *Hab festen Mut, und hoffe auf den Herrn?*

Mut zur Klage

Seine feste Verankerung in Gott gibt dem Psalmisten den Mut, mit seiner Klage vor Gott hinzutreten. Von Feinden umringt, die ihn in seiner physischen und psychischen Existenz bedrohen und vernichten wollen, schreit er zu Gott:

Verbirg nicht dein Angesicht vor mir,
Weise deinen Knecht im Zorn nicht ab!
Verstoß mich nicht,
Verlaß mich nicht!

Hinter diesen Worten stehen massive Vorwürfe: Gott verbirgt sein Angesicht; er weist ab; er verstößt, er vergißt. Viele betrachten solche Worte kaum als Gebet, klingen sie doch eher gotteslästerlich. Dennoch stehen sie so da, und an keiner Stelle werden sie zurückgenommen.

Gott, so ist es die Überzeugung des Psalmbeters, darf seine Not nicht gleichgültig sein. Denn Gott ist *sein Licht und Heil,* die Kraft seines Lebens. Deshalb sein Aufschrei! Deshalb die Klage! Darin spricht er all seine Gefühle und Empfindungen, seine ganze innere Erschütterung aus.

Unsere Bitten, die wir in vielen Gottesdiensten vor Gott tragen, nehmen sich dagegen schüchtern aus – so als wollten wir Gott ja nicht zu nahe treten. Ist der alttestamentliche Beter trotz seiner Klage nicht doch näher bei Gott, inniger mit ihm verbunden als wir mit unserer vornehmen Zurückhaltung? Die Klage des Psalmisten ist Ausdruck tiefster Gottesbeziehung.

Gewißheit der Erhörung

Aus dieser Beziehung gewinnt der Beter die Gewißheit, daß Gott ihn hört und erhört. *Ich aber bin gewiß zu schauen die Güte des Herrn im Lande der Lebenden.* Er weiß, seine Klage ist nicht umsonst. Gott ist nicht so grausam, daß er den, der sich ihm anvertraut, schmählich im Stich läßt. So mündet der Psalm fast unmerklich in Dank und Lob: *Dem Herrn will ich singen und spielen – Opfer will ich darbringen, Opfer mit Jubel!*

Trauer und Leid, Ängste und Schmerzen, aber auch Freude und Glück – an all dem, was den Menschen in seinem Leben bewegt und dieses Leben bestimmt, will der Psalmist Gott teilhaben lassen. So wird Gott zum Teil seines Lebens, zum Wegbegleiter durch das Leben.

HEINZ-GEORG SURMUND

Psalm 30

„Da hast du mein Klagen in Tanzen verwandelt"

In Trauer und Todesnot auf der Suche nach dem Gott des Lebens

Zugegeben: Wir Theologen gleichen manchmal Trickkünstlern. Dieser Eindruck könnte einem zumindest beim Thema dieser Predigt kommen: „Da hast du mein Klagen in Tanzen verwandelt." Das ist ein Zitat aus Psalm 30, und der ganze Vers lautet: „Da hast du mein Klagen in Tanzen verwandelt, mein Trauerkleid gelöst, mich mit Freude gegürtet."

Aus Trauer wird Tanz, aus Klagen Freude – geht es bei dieser Verwandlung wohl mit rechten Dingen zu? Was sind das für Umdeutungen, die uns da nahegelegt werden? Müssen wir nicht auf der Hut sein? Wie soll das denn gehen: aus Trauer wird Tanz, aus Klage Freude? Ist das vertrauenswürdig, oder werden wir durch den Prediger ausgetrickst, an der Nase herumgeführt, weil uns eine hoffnungsvolle Sicht untergejubelt wird? Ja, das ist wohl das richtige Wort: untergejubelt. Und erst später merkt man: Ja, ich bin eigentlich ein bißchen erleichtert und ermutigt aus der Kirche weggegangen – aber das hat nicht lange vorgehalten, das hielt nicht stand. Müssen wir nicht skeptisch sein, wenn uns gesagt wird: Trauer schlägt um in Tanz, Klage in Freude? Werden damit nicht noch einmal diejenigen verraten und im Stich gelassen, deren Leben ganz anders verlaufen und auch zu Ende gegangen ist: verzweifelt, ohne jedes Anzeichen von happy end? Vielleicht gehen Ihnen auch Gedanken wie diese durch den Kopf: Der da auf der Kanzel steht, der behauptet: Eigentlich, letztendlich sind wir Menschen zu unvorstellbarer Seligkeit geboren; eigentlich, letztendlich sind wir auf ein Glück hin geschaffen, das all unsere Erwartungen übertrifft – weiß der eigentlich, was er sagt!? Ist er selbst schon zwischen die Mühlsteine geraten – die Mühlsteine ausmergelnder Ohnmacht? Kennt er aus eigener Erfahrung, weiß er aus eigenem Erleiden, was das ist: äußerste Not, ausweglose Verzweiflung?

Ich muß zugeben: Wenn die bedrückende Last z. B. einer tödlichen Krankheit auf mich fiele – ich weiß nicht, ob und wie ich dem gewachsen wäre. Ich gebe zu: Ich habe noch keine Schläge hinnehmen müssen, die so hart und durchdringend gewesen wären, daß sie mich bis ins Mark getroffen, erschüttert, in Frage gestellt hätten. Nein, ich kann nicht ausschließen, daß dies die letzte Haltung sein kann, die ich annehme: verzweifelte Auflehnung in lähmendem Entsetzen, oder dumpfes Dahinvegetieren ohne jeden Lichtblick.

Unerwartete Lebenszeichen

Aber ich bin gerade in letzter Zeit Lebenszeichen begegnet – an Orten, wo ich sie nicht vermutet hätte. Ich habe näheren Kontakt bekommen zu einer Personengruppe, auf die ich mich nur zögernd, mit Gefühlen von Angst und Unsicherheit, eingelassen habe: Menschen mit Aids.

Dabei geht es vor allem um junge Männer, die dieser Krankheit schon zum Opfer gefallen sind, aber auch um Menschen, mit denen sie verbunden sind: Freunde, Partner, Familienangehörige und Nachbarn. Aids ist und bleibt eine beängstigende Krankheit; die Bedrohung, die von ihr ausgeht, ist noch gar nicht abzusehen. Um so erstaunter war ich, gerade hier, wo die Konfrontation mit dem Tod so schmerzlich, so unausweichlich ist, Lebenszeichen zu begegnen: einer Verbundenheit eigener Art; sie zerbricht nicht unter dem Druck des Krankheitsprozesses, sondern wird tiefer und kraftvoller; einem Zueinanderstehen, erfüllt von Aufrichtigkeit und menschlicher Wärme; momentan einer eigentümlichen Heiterkeit. All das bringt mich dazu, das Dank- und Tanzlied der Rettung, wie es im Psalm 30 aufgezeichnet wurde, mit anderen Augen zu lesen. Diese Erfahrungen sind für mich zu einem Schlüssel geworden – ein Schlüssel zur eigentümlichen Schönheit und Wahrheit dieses Psalmes, der die Überschrift trägt: Dank für die Rettung aus Todesnot.

Bevor ich noch etwas erzähle über eine Begegnung mit einem Aids-Kranken und seinem Partner, möchte ich diesen Psalm gern lesen „…“.

Zum Schluß ein Fächertanz

Als Bert im Alter von 32 Jahren starb, war er vier Jahre krank gewesen. Er hatte gelernt, mit Aids zu leben. Er hatte gelernt, dieser

Krankheit nicht zu erlauben, daß sie Lebensmöglichkeiten zerstörte, die es bis zu seinem Sterbetag noch gab. Gemeinsam mit Pieter, seinem Freund und Partner, in dessen Haus er die letzten drei Jahre verbrachte, hat er solche Lebensmöglichkeiten gesucht und ausgekostet. Sie haben, so unwahrscheinlich das klingt, das Leben in vollen Zügen genossen. Wenn ich dem schönen biblischen Wort „Fülle des Lebens" begegne, wenn ich darüber nachdenke: „Fülle des Lebens, was ist das wohl?" – dann fallen mir diese beiden Freunde ein: wie sie miteinander umgingen und sprachen; wie sie miteinander erschüttert waren und miteinander lachten; wie das gemeinsame Zugehen auf den Tod Lebenskräfte in ihnen wachrief – so unerwartet oft, daß sie selbst darüber häufig genug zutiefst verwundert waren.

Die Beerdigung war in einer Kirche in Amsterdam. Um den Sarg herum brannten viele kleine Lichter. Auf dem Sarg lag ein prächtiger Fächer, einer der schönsten von den hunderten, die Bert selbst gemacht hatte. Ein junger Mann am Flügel empfing die eintretenden Menschen mit Musik. Später wurden auch Stücke vom Tonband gespielt. Am deutlichsten erinnere ich mich an einen Walzer, den Lieblingswalzer von Bert. Mit einer unerhört schwungvollen Bewegung erfüllte dieses Musikstück den ganzen Kirchenraum, in dem man solche Klänge eigentlich nicht erwartete. Man konnte den Eindruck haben, daß sogar die Heiligen an den Wänden einen Augenblick zögerten, ob sie ihre erhabene Unbeweglichkeit verlassen und für ein paar Tanzschritte aufhören sollten, Statuen zu sein. Sie hatten doch, als sie noch lebten, an ihrem eigenen Leibe erfahren: „Da hast du mein Klagen in Tanzen verwandelt, mein Trauerkleid gelöst, mich mit Freude umgürtet."

Bert konnte nicht nur meisterhaft Fächer herstellen. Er machte sie und tanzte auch selbst damit. Deshalb war eine sprechende Geste besonders eindrucksvoll, die die Abschiedsfeier in der Kirche abschloß. Eine Freundin von Bert tanzte. Sie tanzte an seinem Sarg. Sie tanzte einen Fächertanz, ganz still und verinnerlicht, mit sparsamen, ergreifenden Bewegungen.

So sehr sich diese kirchliche Feier auch unterschied von allem, was ich gewöhnt bin – ich bin sicher: David, der königliche Tänzer, hätte seine Freude daran gehabt; und auch Jesus, wenn wir einem englischen Weihnachtslied glauben dürfen. Es besingt Jesus als „The Lord of the dance", den Herrn des Tanzes.

Bert, der ein leidenschaftlicher Tänzer war, hat für mich eine neue Brücke zu König David geschlagen. Der König hatte vor der Bundeslade getanzt. Das hatte Aufsehen erregt, Unverständnis und Kritik ausgelöst, sogar Verärgerung und böses Blut. Aber David hatte nicht anders gekonnt. Er war schon im Reich des Todes erstarrt, die Macht Gottes hatte ihn aber daraus befreit, nun war ihm sein Leib, die Beweglichkeit seines Leibes, zurückgegeben, zurückgeschenkt. Hören wir noch einmal, lassen wir noch einmal auf uns wirken, wie diese Verwandlung in Psalm 30 Gestalt annimmt. Vielleicht spüren wir etwas von der Kraft dieser Verwandlung, wenn wir dieses Gebet jetzt miteinander sprechen. „…“

ANTON ROTZETTER

Psalm 31

Sich in Gott sichern

Nein, krank ist er nicht, mein Mitbruder. Zwar muß er wegen einer Knieoperation einige Monate an Krücken gehen, aber deswegen ist er doch nicht krank! Er kann natürlich schneller fallen als ein anderer, er ist gebrechlich, schwach, hinfällig, könnte man sagen.

Unser Wesen

Aber wenn man es so sagt, dann muß ich es natürlich auch von mir sagen: Ich trage keine Krücken, aber auch ich bin hinfällig, gebrechlich, schwach; ich kann in jedem Moment hinfallen, und Sie können es auch, und Sie dort ebenfalls. Die Hinfälligkeit, die Schwachheit, die Zerbrechlichkeit – das ist unser Wesen: Wir sind zerbrechliche und oft gebrochene, hinfällige und oft gefallene, sterbliche und schließlich tote Kreaturen. Die „Infirmitas", die Unsicherheit, die Ungesichertheit, die Hinfälligkeit verbindet mich also nicht nur mit meinem Mitbruder mit den Krücken, sondern mit allen Menschen.

Aber uns ist das nicht immer bewußt, wir leben oft so, als hätten wir keine Krücken nötig, als könnten wir uns selber halten, als hätten wir auf ewig Bestand. Wir leben so, als könnte uns niemand etwas anhaben und als könnte uns nichts erschüttern. Die meisten Menschen wohl leben in solchen Traumwelten.

Erschütterungen

Das Aufwachen kann jäh sein. Der Arzt sagt, daß man ernsthaft erkrankt sei und daß man nicht mehr lange zu leben habe – was dann? Man wird von einem Auto angefahren und bleibt gelähmt – was dann? Ein Freund stirbt – und schon stirbt man selbst. Man spürt, wie der Sog des Todes einen verschlingt, wie das Nichts von einem Besitz ergreift, wie einen alles nach unten zieht. Und dann singt man mit Hildegard Knef das deprimierende Lied: Von da an ging's bergab! Oder man ahnt den Untergang der Welt, – und man sieht schon die drohenden Zeichen an der Wand – alles beginnt zu wanken: der Boden, auf dem ich gehe, der Himmel, der sich über mir wölbt, der Horizont, auf den ich zugehe, die Wand, an der ich lehne. Es ist mir wie dem Mann in Dürrenmatts berühmter Geschichte: Ich sitze im Zug und merke, er kommt gar nicht mehr aus dem Tunnel heraus, der Zug rast immer schneller dem Abgrund entgegen – was hält mich dann noch?

Eine solch tiefgreifende Erschütterung konnte der Verfasser des Psalms 31 noch nicht gehabt haben. Aber existentiell kommt das, was er erleben muß, auf das gleiche hinaus. So gibt es Mitmenschen, die ein Netz ausgeworfen haben: Sie wollen ihn fangen und verschlingen – ein Ausweichen gibt es nicht! Sie verfolgen ihn, verleumden ihn, stellen ihm nach, wollen ihn vielleicht sogar töten – da gibt es kein Stehen mehr, keinen Standort, an dem er vor dem Ansturm der Bösen gesichert wäre. Er weiß: Es gibt nichts mehr, was ihn rettet, was ihn schützt, was ihn hält.

Fundamentalismus

In dieser Situation bleibt nur noch die Flucht! Der Versuch, sich zu stellen und der Gefahr aus eigener Kraft zu begegnen, wäre Selbstmord oder doch wenigstens Selbstüberforderung. Es bleibt nur die Flucht, die Rettung und Sicherheit bringt. Aber Flucht – wohin?

Wir kennen sie heute überall, die Menschen, die sich mit falschen Sicherheitssystemen umgeben. Ich lasse die militärischen und ökonomischen Sicherheitssysteme einmal beiseite, obwohl auch sie eine Art Fundamentalismus darstellen. Denn auch sie verheißen etwas, was sie nicht geben können: die Sicherung unserer Existenz!

Ich beschränke mich hier auf den religiösen Fundamentalismus. Er besteht darin, daß man sich zu sichern meint, indem man ein Ritual vollzieht, inbrünstig Kirchenlieder singt, sich an den Wortlaut von Dogmen klammert, sich und anderen Sätze aus einem heiligen Buch vorsagt, das Gesetzbuch und die Traditionen der Religion bis ins Kleinste beobachtet: Uniformen, Schleier und Bärte trägt. – Dies und alles, was sonst noch aufgezählt werden könnte, kann uns doch nicht retten! Was ändert das an unserer Hinfälligkeit? Das ist doch alles selbstgemacht, das Werk von Menschen, Täuschung, Selbsttäuschung.

Gottes Beziehung

Trotzdem ist nicht alles so falsch! Die Fundamentalisten gehen nur zu wenig weit, sie bleiben im Vorfeld stecken.

Der Beter des Psalms 31 flieht weit genug. Er wirft sich in Gott hinein, in Gott selbst hinein, nicht einfach in etwas, was im hundertsten oder tausendsten Glied vielleicht - vielleicht! - mit ihm zu tun hat. Der Psalmist stürzt in das Geheimnis Gottes hinein, das lauter Gegenwart ist, lauter Beziehung, Herz, Antlitz, Person, ein Du, das uns umarmt. Glauben heißt: allein auf Gott zu bauen, sich einzig ihm anheimzugeben, seine Existenz in ihm zu gründen. *Martin Buber* übersetzt: sich in Gott sichern, an ihm sicher werden! Darum wird Gott immer wieder gepriesen als „Fels", als „Burg", als „Stab". Die Sicherheit unseres Lebens kommt nicht aus uns, und nichts Innerweltliches, auch keine religiösen Kreaturen, kann uns sichern! Die Sicherung unseres Lebens liegt allein in Gottes Hand. Darum darf man sich in sie hinein bergen. Das ist die Glaubensgewißheit, die den Beter erfüllt.

Jesus Christus

Als Christen dürfen wir es ihm nachtun! Denn hier sehen wir ganz deutlich eine Gegenbewegung, die uns die Flucht sogar erspart. *Franz von Assisi* sagt einmal, daß Gott im Menschen Jesus unsere „infirmitas" angenommen hat. Und wenn Gott, der Allmächtige, unsere Hinfälligkeit an sich nimmt, dann werden wir aufstehen, auferstehen, schon hier und jetzt und nicht mehr fallen können! Dann werden wir mit neuen Gefühlen und mit neuer Phantasie der Wirklichkeit ins Auge schauen. „Denn wer ist gegen uns, wenn Gott für uns ist?" (Röm 8,31ff).

NORBERT HÖSLINGER

Psalm 33

Ausschau

Die Leichtigkeit des Betens

In der katholischen Tradition wird das Gebet sehr häufig aus dem Blickwinkel der Pflicht, der Vorschrift gesehen. So haben viele Katholiken ein permanent schlechtes Gewissen, weil sie am Morgen oder am Abend immer wieder ihr Gebet vergessen haben.

Wer sich mit den Psalmen befaßt, lernt eine Leichtigkeit des Betens. Ein Sprechen und Singen, das aus dem Herzen kommt, das viel mit unserem Leben, unserer Situation zu tun hat. Diese Leichtigkeit verspüren wir, wenn wir die ersten Verse des Psalms 33 lesen: „Singt ihm ein neues Lied, greift voll in die Saiten und jubelt laut!" Diese unbefangene Art, mit Gott umzugehen, befremdet viele. Manche Psalmen steigern sich ja in voller Ungezwungenheit zu Vorwürfen, die Gott gemacht werden. Manchmal ist man in der Wortwahl nicht gerade respektvoll. Aber – und das können wir auch von gläubigen Juden unserer Tage lernen – ER ist eben der Bundesgott, *unser* Gott: Er gehört einfach zu uns, wir sind ja *sein* Volk. Ihm kann man alles sagen, zu ihm kann man mit allem kommen. So kennen wir ungeduldige Bitten, ja Aufschreie zu Gott.

Unser Psalm wirkt nicht so sehr befremdlich, vielleicht etwas naiv, wenngleich jeder, der ihn liest, zugeben muß, daß er in einer wunderbar poetischen Sprache abgefaßt ist: Das Gebet kommt dem Beter leicht über die Lippen – wie ein bekanntes, schönes Lied.

„... denn wir schauen aus nach dir"

Vertieft man sich in den Inhalt unseres Psalms, findet man in ihm große theologische Gedanken, die – wie vieles in der Bibel – unser Leben betreffen. Der Psalm wird an Sonn- und Feiertagen öfters in der Liturgie als Antwort auf eine Schriftlesung gesungen. Dreimal wird dabei ein Vers als Rahmen herausgehoben, ein Vers, der zum Nachdenken anregt: „Laß deine Güte über uns walten, denn wir schauen aus nach dir." Dieses „wir schauen aus nach dir" wird manchmal mit den Worten hoffen oder harren übersetzt. Die Beter sind Menschen, die auf Gott warten, die nach ihm spähen, die die Hoffnung nicht aufgeben. Weil sie so denken, sprechen sie die Bitte aus: „Laß deine Güte über uns walten!"

Auf unseren Gott ist Verlaß!

Woher kennt der Beter die Güte Gottes? Aus eigener Erfahrung? Er kennt jedenfalls die Tradition seines Volkes: Auf diesen Gott kann man sich verlassen, denn er steht zu seinem Wort: Er tut das, er handelt so, wie er es gesagt hat: „Das Wort des Herrn ist wahrhaftig, all sein Tun ist verläßlich." Die Beter haben einen starken Bezug zur *Geschichte ihres Volkes,* sie wissen, daß ihr Gott Angriffs- und Eroberungspläne anderer Völker verhindert, seinen eigenen Plan aber verwirklicht hat. Und dieser Plan, dieser einmal gefaßte Ratschluß, ist unumstößlich: Er wird immer zu seinem Volk stehen, selbst dann, wenn das Volk seinem Gott untreu werden sollte. Von diesem Vertrauen getragen, können auch wir als Gottes Volk aus vollem Herzen singen: „Wohl dem Volk, dessen Gott der Herr ist, wohl der Nation, die er sich zum Erbteil erwählt hat!"

„Er gebot, und es ward"

In diesem Psalm finden wir einen Aspekt, der unserer Frömmigkeit vielfach verloren gegangen ist: die Beziehung des Menschen, des Volkes zum Wort Gottes. Diese Sicht ist vor allem uns Katholiken in den letzten Jahrhunderten abhanden gekommen. Wir bauen auf unsere Gebete, auf unseren Kirchgang, auf unsere religiösen Übungen und guten Werke. Wir sind mehr auf eigene Leistung und nicht so sehr auf das *Hören* eingestellt. Wir begegnen hier im Gottesdienst dem Göttlichen nicht nur in der Kommunion des Brotes und des Weines, sondern auch in der Kommunion des Wortes. Das Wort Gottes ist mehr als eine Nachricht, mehr als ein Zuspruch oder eine Verheißung: Es ist ein wirkendes Wort: „Denn der Herr sprach, und sogleich geschah es. Er gebot, und alles war da." Durch sein Wort wurden der Himmel und das Meer und die Erde erschaffen, durch sein Wort wurden wir zu seinem Volk, dem Befreiung zuteil wurde.

ROLF BAUMANN

Psalm 34

„Suche Schalom und jage ihm nach“

Psalmen sind wie Menschen. Jeder hat seine Eigentümlichkeiten, seinen Charakter, sein konkretes Gesicht. Manche von ihnen sind ausgeprägte Persönlichkeiten mit einer unverwechselbaren Geschichte, historisch datierbar, eindeutig lokalisierbar. Einige von ihnen begleiten uns wie gute Freunde, zumal wenn wir mit ihnen „par coeur“ (auswendig / inwendig) vertraut sind. Andere Psalmen wirken auf den ersten Blick eher blaß, sind verwechselbar, scheinen nicht sehr originell. Sie verkörpern weit mehr allgemeine Erfahrungen, Erfahrungen von Generationen von Glaubenden. Ihre Eigenart ist das Exemplarische, zur Nachahmung Anspornende. Sie laden, alten Menschen mit ihrer Lebenserfahrung vergleichbar, zur Übernahme ihrer Erfahrungen ein, wollen ermutigen, herausfordern.

Zu diesem zweiten Psalmentyp gehört der Psalm 34. Er ist in seinem ersten Teil von den Zügen des Dankgebets eines einzelnen bestimmt (VV. 2–11) und wechselt in seinem zweiten Teil in einen weisheitlichen Lehrvortrag über (VV. 12–22). Und selbst das, was ihn äußerlich aus anderen Psalmen heraushebt: daß seine 22 Verse jeweils mit einem anderen Konsonanten des hebräischen Alphabets beginnen, unterstreicht das Grundsätzliche und Umfassende (von A bis Z!) der von ihm präsentierten „Lebenslehre“. Und nicht von ungefähr ist er mit dem ihm gleichgearteten Ps 25 zusammen der „Eckpsalm“ einer kleinen Teilsammlung innerhalb des sog. Davidpsalters (Ps 3–41). Auch die (sekundäre) Überschrift unseres Psalms, die ihn auf eine Situation im Leben Davids bezieht, wo dieser aus Angst um sein Leben den „Verrückten“ spielt, betont den exemplarisch-lehrhaften Charakter des Psalms 34, dem es auf Nachahmung, Nachvollzug ankommt.

„Ich suchte Jahwe, und er hat mich gehört …“

Unser Psalm hebt damit an, daß (s)ein „Ich“ zum Lobpreis Jahwes aufruft – „allezeit“, „immer“ (V. 2). Dieser Lobpreis eines einzelnen auf das rettende Handeln Jahwes, das ihm selbst widerfahren ist, hat vor allem die „Armen“ als Ansprechpartner vor Augen, die sich in einer vergleichbaren Situation befinden, und lädt sie ein, mit ihm zusammen Jahwe zu verherrlichen und gemeinsam seinen Namen zu rühmen (V. 3f).

Nach diesem Aufruf zum gemeinsamen Gotteslob erinnert der Sänger des Psalms eher formelhaft an seine eigene Rettung durch Jahwe aus großer Not: „Ich suchte Jahwe (im Hilfeschrei des Gebets), und er hat mich gehört, er hat mich all meinen Ängsten entrissen“ (V. 5). Doch kaum war davon die Rede, so wendet sich der Psalmist schon wieder den von ihm Angeredeten zu und sucht deren Zustimmung, indem er an ihre eigenen (seitherigen und zukünftigen) Erfahrungen mit Jahwe appelliert:

„Blickt auf zu ihm, so wird euer Gesicht leuchten,
und ihr braucht nicht zu erröten.
Da ist ein Armer; er rief, und Jahwe erhörte ihn.
Er half ihm aus all seinen Nöten“ (V. 6f).

Aufgrund der „Sympathie Jahwes“, seines „Hörens“ und „Mitfühlens“ mit den Leidenden und in ihrer Not zu ihm Schreienden hatte ihre Notlage nicht „Erröten“ und „Gesichtsverlust“ zur Folge, sondern bewirkte umgekehrt ein „Aufleuchten“ ihres Angesichts, Rettung, öffentliche Rehabilitation. Angesichts solcher immer wieder neu sich bestätigender Erfahrungen mit Jahwe kann unser Psalm geradezu kühn das Bekenntnis aussprechen, daß Jahwe selbst vor einer feindlichen Heeresmacht zu schützen vermag: Sein „Engel“ schlägt das Lager auf und „umschirmt“ alle, die Jahwe fürchten, und er rettet sie (V. 8).

Damit erscheint die Einladung und Aufforderung gut begründet, inmitten aller Not geradezu sinnenhaft und handgreiflich Jahwes Güte zu verkosten: „Kostet und seht, wie gut Jahwe ist; selig, der zu ihm sich flüchtet“ (und sich bei ihm wie hinter einer schützenden Stadtmauer geborgen weiß)! Diese Verheißung gilt denen, die „Jahwe fürchten“, seinen „Heiligen“, nicht den „Reichen“, die jungen Löwen gleich rücksichtslos und unersättlich nach Beute jagen. Sie – so die Überzeugung unseres Psalms – werden am Ende „hungern und darben“, ihrer Beute also verlustig gehen. Die aber „Jahwe suchen“, die „leiden keinen Mangel an allem Guten“ (VV. 9–11).

„Kostet und seht, wie gut der Herr ist“!?

Aber ist diese helle Erfahrung unseres Psalms, daß es sich „bewährt“, in der Not zu Jahwe zu rufen und sich ihm, dem „Guten“, voll und ganz anzuvertrauen und so geradezu leibhaft seine „Güte“ zu erfahren, noch unsere heutige, christliche Erfahrung? Ist sie nicht abhängig von einem für uns „naiven“ Vertrauen in einen aufweisbaren, stimmigen Entsprechungszusammenhang von Tun und Ergehen: daß das Gute sich letztlich „lohnt" und das Böse seine Strafe und sein Unheil in sich selbst trägt?

Doch für das „Erste Testament" ist die Erfahrung und Erwartung unverzichtbar, daß Jahwe ein „rettender Gott" ist (Jes 43,11) und an Israel, seinem Knecht, und am „Gottesknecht" im engeren Sinn „seine Herrlichkeit zeigen" will (Jes 49,3). Auch Jesus von Nazaret widerspricht einer sich heute breitmachenden Annahme, daß man von Gott und seiner Herrschaft hier und jetzt *nichts sehen* könne, „mit Entschiedenheit, mit der ganzen Entschiedenheit eines von Gottes Geist ergriffenen, diesen Geist sichtbar und spürbar machenden, bezeugenden Lebens". Für Jesus – nicht anders als für unseren Psalmisten – gilt: „Die Umstehenden sollen *sehen* und begreifen, was sie sehen: ‚Wenn ich die Dämonen durch den Geist Gottes austreibe, dann ist das Reich Gottes schon zu euch gekommen' (Mt 12,28). Gottes Herrschaft ist zwar nicht *von* dieser Welt; aber sie soll und sie kann *in* dieser Welt erfahrbar – sichtbar – werden. Die Bergpredigt entwirft Gesten und Modelle sichtbar gewordener Gottesherrschaft; sie ermutigt dazu, die Gottesherrschaft im eigenen Leben Gestalt annehmen zu lassen" (J. Werbick).

Bedürfen wir heute also nicht – entgegen unserer Annahme, aber voll auf der Linie biblischen Glaubens – „der Ermutigung, den eigenen Augen zu trauen, genau und vertrauend darauf zu achten, was unter unseren Händen, in unserer Mitte, in unseren Herzen aus kleinsten Anfängen wachsen will. Man muß es sich immer wieder neu zeigen lassen, muß sich seiner immer wieder neu vergewissern. ...Glauben und Sehen brauchen einander. Gewiß: ‚Selig sind, die nicht sehen und doch glauben' (Joh 20,20). Aber ist nicht auch hier die Rede von der ‚Seligkeit' all derer, die sich von dem, was sie mitansehen müssen, nicht zur Verzweiflung treiben lassen? Von der Seligkeit derer, die trotz des allzu sichtbaren Verhängnisses – des Kreuzes – noch Augen haben für das Wachsen der Saat? Die Saat ist unterwegs zur Frucht; man kann es sehen ..."

Mit solchem „Sehen" ist nicht naives Konstatierenwollen gemeint. Aber die alte biblische Glaubens- und Seherfahrung bringt sich hier – vielleicht ärgerlich und herausfordernd für uns heutige, vom Atheismus der Moderne angesteckte Menschen – wieder in Erinnerung: daß Glauben – zumindest *auch* – auf „Sehen" und „Erfahren" angewiesen ist, daß der Gott der Bibel „Leiblichkeit" will und auf eine „erneuerte Erde" zielt.

„Wer gute Tage zu sehen wünscht ..."

Anfragen solcher Art hat auch der zweite Teil unseres Psalms vor Augen, der jetzt die Form eines weisheitlichen Lehrvortrags annimmt. Da spricht ein Lehrer seine Zuhörer als seine „Kinder" an und will sie „in der Furcht des Herrn unterweisen" (V. 12). Denn diese ist nach ihm die unverzichtbare Voraussetzung und Basis für den, „der das Leben liebt und gute Tage zu sehen wünscht" (V. 13).

Aber welche Ratschläge kann ein Weisheitslehrer von dieser Basis aus an den weitergeben, der nach erfahrungsgesättigtem, bewährtem Rat für das „Gelingen" und „Glücken" seines Lebens fragt? Woran soll er sich orientieren? Was kann der Lehrer ihm konkret raten? Unser Psalm gibt die Antwort, die auch noch der erste Petrusbrief sich wörtlich zu eigen macht (vgl. 1 Petr 3,10–12): Er verweist den Ratsuchenden auf das weite Feld der mitmenschlich-sozialen und politischen Ethik. Hier soll der, der gute Tage sehen und Jahwes Güte verkosten will, „gerecht" handeln und sich als „Gerechter" bewähren. Konkret wird exemplarisch aufgezählt:

„Bewahre deine Zunge vor Bösem
und deine Lippen vor falscher Rede!
Meide das Böse und tu das Gute;
suche Frieden (Schalom) und jage ihm nach!" (V. 14f).

Im alttestamentlich-weisheitlichen Lebenszusammenhang ist dabei nicht einfach an Vermeiden von Geschwätz und übler Nachrede im privaten Raum gedacht, sondern an Wahrheitsliebe und Eintreten für Gerechtigkeit im Rechtsbereich, insbesondere an ein Sich-Fernhalten von falscher Anklage oder falscher Aussage zu Ungunsten eines anderen vor Gericht (vgl. Ps 15,3; 39,2; 141,3f; Spr 4,24; 13,3). Auch beim Meiden des Bösen und Tun des Guten wie bei der Jagd nach Frieden geht es nicht primär um private Anständigkeit und Friedlichkeit, sondern wiederum um ein Verhalten, das in den öffentlichen Raum einer Gemeinde, eines ganzen Volkes hineinwirken will und voll Eifer am umfassenden „Schalom" arbeitet (vgl. Ps 37,27; Am 5,14f; Mi 6,8; Jes 51,1).

Solchen „Gerechten", die ihr Leben in dieser solidarischen Zielrichtung entwerfen und realisieren, gilt die Verheißung und Erfahrung des Glaubens, daß „Jahwes Augen" auf sie „blicken" und seine „Ohren" ihr Schreien „hören". Sein „Angesicht" ist ihnen zugewandt und nicht, wie es in der Realität oft scheinen mag, den „Bösen", denen vermeintlich die „Zukunft" gehört (V. 16f).

Warum ist dies so? Warum kann Israel in seiner angesammelten Erfahrung, allen Anfechtungen zum Trotz, von dieser Überzeugung einer personhaften Zuwendung Jahwes zu dem zu ihm schreienden „Gerechten" nicht lassen (vgl. die Metaphern „Augen" und „Ohren")? Aus dem einen Grund, „weil Jahwe seine grundlegende Option für die Gerechtigkeit getroffen hat und deshalb den Kampf der Gerechten unterstützen muß und ihren Schrei nach Gerechtigkeit nicht überhören kann" (vgl. Ps 12; 14). Was also im ersten Teil unseres Psalms als Erfahrung einzelner vorgetragen wurde, das ist hier zu einem weisheitlichen Bekenntnis- und Glaubenssatz über die „grundlegende Geschichts- und Weltordnung" ausgeweitet, die mit Jahwes Hinwendung zu seiner Erde und zu den auf ihr Lebenden untrennbar verbunden ist (E. Zenger)!

Allerdings – auch der, der hier die Erfahrungsweisheit Israels bezeugt, weiß, daß weder Gottes Option für die Gerechtigkeit noch des Menschen Einsatz für den Schalom dem „Gerechten“ Ängste und Leiden ersparen (VV. 18.20). Aber diesen irritierenden und bedrückenden Erfahrungen entgegen stellt der Psalmist beschwörend sein Bekenntnis zum in aller Not „nahen“ (Ps 22,12; 38,12.22; 145,18), „rettenden“, „behütenden“ Gott, der die Kraft schenkt, auch im Leiden nicht zu „zerbrechen“ (VV. 19.21). Ihm ist das Geschick der „Gerechten“, die nicht stolz, sondern „zerknirscht“ und „zerbrochenen Herzens“ sind (vgl. Ps 51,19), nicht gleichgültig – im Unterschied zu den „Frevlern“, auf die ihre Bosheit tödlich zurückschlagen wird:

„Schreien die Gerechten, so hört sie Jahwe;
er entreißt sie all ihren Ängsten.
Nahe ist Jahwe den zerbrochenen Herzen,
er hilft denen auf, die zerknirscht sind.
Der Gerechte muß viel leiden,
doch allem wird Jahwe ihn entreißen.
Er behütet all seine Glieder,
nicht eines von ihnen wird zerbrochen.
Den Frevler wird seine Bosheit töten;
wer den Gerechten haßt, muß es büßen“ (VV. 18–22).

Und der (von der Redaktion des Psalters) später hinzugefügte Schlußvers unterstreicht und ratifiziert diese Glaubenshoffnung Israels erneut, indem er den letzten Halbvers des (ursprünglichen) Psalms im Blick auf ganz Israel (vgl. Ps 25,22) ins Positive variiert:

„Jahwe erlöst seine Knechte;
und nicht werden büßen alle, die zu ihm sich flüchten“ (V. 23).

„Suche Schalom und jage ihm nach ...“

Auch für uns heute ist der Psalm 34 mit seinem Bekenntnis zum „nahen“ und „rettenden“ Gott eine Herausforderung. Doch ist es möglich, zu leben ohne den geheimen Wunsch, daß unser Leben „gelingen“ möge? Und ist dies möglich ohne die leise und laute Hoffnung, daß ein Leben im Einsatz für „Gerechtigkeit“ und weltweiten „Schalom“ mehr „lohnt“, mehr Freude und Befriedigung in sich birgt, als ein Leben in Egoismus und Raffgier? Und müßte ein Teilnehmen an Gottes Option für Gerechtigkeit und Frieden nicht wenigstens ein Stück weit sich auch im Gelingen zu bewahrheiten vermögen?

Ist daher nicht immer auch eine wichtige Stütze im Glauben an Gott und im Tun des Gerechten, wenn wir – trotz fortdauernder oder gar eskalierender Barbarei und Unmenschlichkeit zwischen Völkern und ihren Minderheiten – *auch* Zeuge sein dürfen, daß jahrhundertealte Völkerfeindschaften überwunden werden, daß Versöhnung unter verfeindeten Rassen (wie in Südafrika) möglich ist, daß gewaltfreie Formen des Austrags unterschiedlicher Interessen sich stärkerer Akzeptanz erfreuen, daß – wenigstens im privaten Bereich – die Solidarität mit der sog. dritten Welt wächst? Und ich bin nicht selbst darauf angewiesen wie auch der Bruder und die Schwester neben mir, daß wenigstens immer wieder wahrnehmbar Wahrhaftigkeit, freundliches Entgegenkommen, Hilfsbereitschaft, gegenseitiges Vergeben unser alltägliches Miteinander prägen? Damit jetzt schon und nicht erst am Ende der Weltzeit das Lob Jahwes in unserem Mund lautwerden kann – und die Armen es hören und sich darüber freuen.

PS: Es hat sich m. E. gelohnt, den predigtnahen Kommentar von *Frank-Lothar Hossfeld* und *Erich Zenger*, Die Psalmen I: Psalm 1–50 (Die Neue Echter Bibel: Kommentar zum Alten Testament mit der Einheitsübersetzung; Lfg. 29), Würzburg 1993, zu Rate zu ziehen und auch die dort aufgeführten Textvarianten oder stärker den hebräischen Text berücksichtigenden Übersetzungsvorschläge aufzunehmen.

Das lange Zitat von *Jürgen Werbick* ist dem sehr anregenden Einleitungskapitel „Gottes Unsichtbarkeit und die Unansehnlichkeit seiner Kirche“ aus dessen neuem Werk: Kirche. Ein ekklesiologischer Entwurf für Studium und Praxis, Verlag Herder, Freiburg 1994, entnommen.

JOHANNES LIEDER

Psalm 42

Die Sehnsucht durchhalten

Durst nach Leben

„Durst nach Leben“ – dieser Satz prangt in übergroßen roten Lettern auf dem Werbeplakat in einer ganz und gar nicht lebendigen U-Bahnstation. Fast lebensgroß ist ein athletischer Mann zu sehen, der seinen offensichtlich durch große sportliche Anstrengung entstandenen Durst genußvoll löscht: Eine Szene voll prallem Leben! Sie will in den vorbeihetzenden Stadtmenschen die Sehnsucht nach solchem Leben wachrufen.

Doch ich meine, das greift zu kurz! Denn solche außergewöhnlichen Momente mag es ja in unserem Leben geben, aber was ist mit den anderen Zeiten, den ganz gewöhnlichen, alltäglichen? Was ist da mit diesem Aufschrei unserer Zeit, der uns aus dem Plakat anspringt: Durst nach Leben!? Da hilft kein Extremsport und kein Mineralwasser. Der Durst bleibt, weil er tiefer sitzt: Es ist die Sehnsucht nach Lebensfreude und Sinnerfüllung, Angenommensein und Geborgenheit, nach dem, was bleibt. In uns sitzt ein Vakuum der Einsamkeit, das kein Mensch auf dieser Erde füllen kann. Diese Sehnsucht gehört zu uns. Aber wie gehen wir mit ihr um?

Wie soll man das aushalten?

Verdrängen wir sie, überspielen ihre leisen Töne mit unserer eigenen Zukunftsmusik? Versuchen wir sie zu überdecken mit allerhand materieller Tünche? Oder lassen wir diese Gefühle hochkommen, halten sie aus und bleiben so offen für das Unfaßbare und Unendliche, nach dem unser Innerstes so sehr verlangt? Das ist nicht leicht. Aber ohne die Sehnsucht: Wird da unser Leben nicht müde, spannungslos und schal? Ist die Sehnsucht nicht das Salz, das unser alltägliches Leben am Verfaulen hindert? Doch ist’s leichter gesagt als getan. Denn ist in einer Welt voller Unmenschlichkeit und Gewalt solche Sehnsucht nicht unerträglich? Wie soll man das aushalten, immer wie mit einer offenen Wunde herumzulaufen?

Die Aussicht auf Erfüllung

Ich möchte mit Ihnen den Beter des Psalmes 42 danach fragen. Er scheint diese Sehnsucht so gut zu kennen, daß er sie mit dem packenden Bild beschreibt: „Wie der Hirsch lechzt nach frischem Wasser …" Und dann wird es schon spannend: „… so lechzt meine Seele, Gott, nach dir." Er kann das Ziel seiner Sehnsucht benennen, ja ansprechen als Du und in Beziehung zu ihm treten. Ich denke, das ist der Schlüssel dazu, diese Sehnsucht erträglich werden zu lassen. Ihr Ziel und ihre Erfüllung bleiben nicht im Dunkel einer vagen Utopie. Sehnsucht ist nicht lebbar als Gefühlsaufwallung ins Ungewisse hinein, sondern nur, wenn sie eine Aussicht auf Erfüllung hat. Diese Aussicht auf Erfüllung bezeugt der Glaube unseres Psalmbeters als den Gott der Bibel, der alles zum

Aber wo ist nun unser Gott?

Ist aber deshalb das Leben in diesem Glauben nur noch eitel Sonnenschein, wie es manche allzu charismatische Christengruppen heute zu vermitteln scheinen? Für unseren Psalmisten keineswegs: „Tränen waren mein Brot bei Tag und bei Nacht; denn man sagt zu mir den ganzen Tag: ‚Wo ist nun dein Gott?'" In diesem Glauben steht der Psalmbeter ausgespannt zwischen der inneren Gewißheit von Erfüllung und der schmerzlichen Tatsache, daß sie äußerlich noch an so vielen Stellen fehlt. Genau dorthin zeigen die Skeptiker und fragen vorwurfsvoll: Was ist nun mit deinem Gott? Romantische Sehnsuchtsgefühle schminken wir uns doch lieber ab. Glaube bringt es nicht, ist uncool, einfach megaout.

So stehen wir da mit unserem Gott, haben keine Beweise für seine Macht. Gern hätten wir solche Zeichen, um es den Spöttern mal so richtig zu zeigen und die Zyniker von ihrer Bitterkeit zu befreien. Auch der Psalmist hofft darauf, auf die große Menge, die zum prächtigen Gotteshaus zieht, für alle sichtbar und ihm den Rücken stärkend. Er meint die beeindruckende Wallfahrt zum Jerusalemer Tempel. Doch die Zeiten scheinen vorbei zu sein: Bloße Erinnerung ist das jetzt, wo er betrübt, fern von Jerusalem, am Rande Israels sein Dasein fristet, im Jordanland, am Hermon.

So mag es dem treuen Kirchgänger heute auch gehen: Vorbei die glanzvollen Zeiten beeindruckender Präsentation einer geachteten

Volkskirche! Die ‚festliche Schar' wird immer kleiner und die Zahl der Verunsicherer immer größer. Wo bleibst du, unser Gott? Sind wir denn nur noch die Dummen, die Ewiggestrigen, die immer noch an diesem ohnmächtigen Gott hängen?

Auf ihn vertrauen, einfach weil es ihn gibt

Die Frage ist, worauf wir unseren Glauben letztlich gründen: auf äußere Erfolgsbilanzen oder auf Gott selbst, einfach weil es ihn gibt und wir seiner Liebe unser Leben verdanken. Seine Macht ist nicht von dieser Welt. Sie ist nur in ihren leisen Tönen hörbar für suchende, ringende, sensible und offene Menschen. Sie trauen ihrer tiefsten Sehnsucht, können sie nicht wegkonsumieren oder -diskutieren, weil sie in dem guten Gott ihre Erfüllung ahnen:

„Meine Seele, warum bist du betrübt und bist so unruhig in mir? Harre auf Gott; denn ich werde ihm noch danken, meinem Gott und Retter, auf den ich schaue."

GOTTHARD FUCHS

Psalm 49

„Mein Hirt ist Tod, der Herr“ (oder: Endlich leben lernen)

Immer schneller, immer mehr, immer besser – woher diese Steigerungslust und Vermehrungssucht? Warum diese förmlich panische Fortschrittsdynamik? Jeder Blick ins nächste Sonderangebot zeigt dieses eigentümliche Zusammenspiel von Lockreiz und Nachfrage, von Warenfülle und Kaufdruck, von Bedürfnisweckung und Erfüllungssehnsucht. Wie im Spiegelbild bekommen das vor allem jene zu spüren, die an den Rand gedrängt sind, eher mittellos oder ganz arm. Wer sich nichts leisten kann, ist arm dran. Wer nicht mitzuhalten vermag, verliert den Anschluß. Entsprechend größer wird die Kluft zwischen Reich und Arm. Woher also dieser Konsumrausch, diese förmlich ekstatische Lust zur Lebenssteigerung, durch Besitz, Gewinn und Verzehr?

Todesverdrängung

Eine Antwort darauf, vielleicht die genaueste: Heimliche Triebfeder in der ganzen Fortschrittsspirale ist die Todesangst, die Verdrängung des Todes schon mitten im Leben. Als könnten wir uns doch irgendwie retten vor dem endgültigen Ende! Als gäbe es die Grenzen des Wachstums nicht! Nur immer mehr, immer besser, immer schneller – in diesem Lebensgesetz ist die Unruhe am Werk, wir könnten etwas verpassen. Je mehr die Angst vor dem sterblichen Leben verdrängt werden muß, desto größer die panische Flucht nach vorn – in ein besseres Leben, in eine reichere Zukunft, in eine größere Welt.

Und doch: All diese Aufbauten gegen den Tod verdrängen ihn nicht, ganz im Gegenteil. Unsterblichkeitsbemühen, Todesverdrängung und Fortschrittsdenken gehören wie Schattengeschwister zusammen. Zerstörerisch lebt, wer sich um Sterben und Tod herumdrückt. Gefährdet und gefährlich ist, wer die Grenzen des Wachstums nicht beachtet. Aber wie schwer ist das Gegenteil! Endlich, wortwörtlich endlich, leben lernen, welche Kunst! Zu groß scheint die Angst, ins Nichts zu fallen und zu kurz zu kommen. Die moderne Abwehrstrategie gegen solche Lebensangst, Flucht in den ewigen Fortschritt, ist in der Krise. Zu viele werden Opfer dieser panischen Lebenssteigerung, zu ungesund ist die Hektik, zu gefährdet Innenwelt und Umwelt, zu groß die Kluft zwischen Arm und Reich.

Lebenskunst aus Todeswissen

Auch dieser Psalm ist Dokument und Ausdruck einer Orientierungskrise. Was bisher Weisheit und Sinn gab, ist problematisch geworden. Lebst und handelst du gut – so dachte man bisher –, so wird es dir auch gut gehen; lebst und handelst du schlecht, so wird es dir schlecht gehen. Wer also klug ist, reich und vermögend, wäre demnach der lebendige Wahrheitsbeweis für Weisheit und Segen. Umgekehrt müßten jene ständig draufzahlen, die falsch leben und deshalb arm sind, mit Recht. So die Weisheit bisher, so das Lebensmuster oft auch heute. Wer erfolglos ist, wer sich nichts leisten kann, ist selber schuld … Aber genau dies steht nun endgültig in Frage: „Denn man sieht, Weise sterben; genauso gehen Tor und Narr zugrunde, sie müssen anderen ihren Reichtum überlassen“ (V. 1).

So simpel geht der Lebenssinn eben nicht auf – nach dem Motto: Die Guten hier, die Bösen dort; hier die Reichen, dort die Armen. Nein, der Tod ist der radikale Gleichmacher. Just ein zentrales Symbol des Gottesglaubens – das Bild vom guten Hirten – wird nun bemüht, um die Allmacht von Tod und Sterben unentrinnbar zur Geltung zu bringen. „Der Tod führt sie auf seine Weide wie Schafe, sie stürzen hinab zur Unterwelt.“ Lebenssteigerung, Besitz, Konsum, Reichtum – all diese Anstrengungen zum Überleben enden doch im großen Infarkt. Alle sinken ins Grab und jene Schlauberger-Weisheit, die so schön zu unterscheiden meint, greift völlig zu kurz. „Mein Hirt ist Tod, der Herr!“

Wirkliche Weisheit also wäre, der Allmacht des Todes, seiner Allwucht illusionslos ins Auge zu schauen – und gerade dadurch gelassener, vertrauensvoller, ernüchterter leben zu lernen. Fast brutal erinnert der Psalm an die Kreatürlichkeit des Menschen, an die Einheit und den Zerfall alles Lebendigen. Mensch und Vieh, Mensch und Tier rücken im Angesicht des Todes geschwisterlich nah zusammen. Lebensklug ist, wer diesen Zusammenhang anschaut und nicht in die Sackgasse ständiger Lebenssteigerung hineinhetzt! „Der

Mensch bleibt nicht in seiner Pracht, er gleicht dem Vieh, das verstummt." Nicht zufällig wird dieser Vers wiederholt (VV. 13 und 21). Unerbittlich wird dem Menschen der Spiegel vorgehalten, und all die Unterschiede zwischen Arm und Reich relativieren sich. „Das Schicksal setzt den Hobel an, und hobelt alle gleich …", wie Nestroy dichtete. Sich in falschen Sicherheiten zu verschanzen, nützt da gar nichts. „Geradewegs sinken sie hinab in das Grab; ihre Gestalt zerfällt, die Unterwelt wird ihre Wohnstatt" (V. 15) – so wie wir es heute noch in den Grabhäusern z. B. des alten Ägypten besichtigen können.

Aber ist dieses Lied auf die Allmacht des Todes nicht völlig pessimistisch? Hat da, wer nicht gleich verzweifeln will, nur die Chance, dieses Leben als letzte Gelegenheit zu nutzen und alles herauszuholen, was drin sitzt? Ist dann nicht doch gerade die Lebenssucht die einzige richtige Antwort? Also doch: „Immer schneller, immer besser", jedenfalls für die befristete Zeit, und danach ist sowieso alles aus?

„Ja, er nimmt mich auf"

In der Tat: Die Schocktherapie des Psalmisten konfrontiert mit zwei Alternativen: Entweder den Tod verdrängen oder seiner Allmacht ins Auge sehen – dies ist die Frage Nr. 1; zweitens aber: Angesichts des Todes die verbleibende Lebensfrist verzweifelt ausbeuten oder endlich leben lernen. Was aber kann das heißen, vor allem für die im Schatten, für die Zu-Kurz-Gekommenen und Armen? Wie das sterbliche Leben dann aushalten, ohne zu fliehen und zu verzweifeln? Wie den Reichtum der Reichen und den Erfolg der Erfolgreichen verkraften, wenn man sich deplaziert sieht und lebenslang an den Rand gedrängt? Mit der Kritik an den Reichen verbindet sich der Trost für die Armen – und wer hörte nicht, mit christlichen Ohren, den Armen aus Nazaret und seine Seligpreisungen mit?

Nicht der Tod an sich ist ja das schwerste Problem, nicht die Endlichkeit und Kreatürlichkeit die größte Frage. Was den Beter des Psalms am meisten umtreibt, ist die ungerechte Verteilung der Lebenschancen, die Kluft zwischen Reich und Arm. Der schonungslose Blick auf den Tod wird zur Kritik all jener, die sich in ihrem Reichtum versichert glauben und sich abschotten wollen. Mehr noch wird er zum Trost für die Armen und Benachteiligten. Denn als der große Widersacher gegen den Tod wird nun Gott aufgerufen:

„Doch Gott wird mich loskaufen aus dem Reich des Todes, ja, er nimmt mich auf“ (V. 16).

Gegen den Tod ist kein Kraut gewachsen, gewiß – im Lichte ehrlicher Bestandsaufnahme und vernünftiger Analyse auch nicht. Und doch … Wer mit diesem Psalm betet, flieht nicht aus der Welt, sondern stellt sich ihr, wie sie ist – freilich mit der festen Hoffnung auf jenen Gott, der die Armen selig preist und die Verlorenen aufnimmt. Da endlich wird die Angst gestillt, verloren zu gehen. Da endlich findet die heimliche Unruhe Frieden, die uns in die Sackgasse der Lebenssucht hetzt. Da endlich wird eine Perspektive sichtbar, die den Tod weder verdrängt noch glorifiziert.

Was einzig zum sterblichen Leben wirklich befreit, ist eine solch persönliche, solch vertrauende, ja intime Gottesbeziehung. Nicht zufällig spricht der Beter nun in der Ichform: „Ja, er nimmt mich auf“; ich bin nicht verloren. Gerade solche Glaubensgewißheit macht frei für das Leben hier und jetzt, für die Annahme der eigenen Biographie, für die Gestaltung des Lebens mitten im Tode. Dann wird die Annahme der Grenzen des Wachstums zur Chance, gerechter und liebevoller miteinander umzugehen, in universaler Solidarität zwischen Reich und Arm die begrenzten Güter neu zu verteilen. Das Todeswissen wird zur Chance der Umkehr, und Gott ist der Garant, daß nicht verloren geht, wer endlich leben lernt.

CLEMENS DIETZ

Psalm 51

Scherben sind nicht das Letzte!

Miserere – „Erbarme dich meiner, sei mir gnädig, Gott“ – unter diesem Namen seiner lateinischen Übersetzung hat der Psalm 51 seinen Platz unter den Bußpsalmen der christlichen Kirche eingenommen. Er ist ein biblisches „Beicht-Gebet“, das einlädt, sich vorbehaltlos – ganz und gar – dem reinigenden und schöpferischen Feuer des liebenden und barmherzigen Gottes auszusetzen.

Mir begegnet in den Worten dieses Psalms ein Beter voller Leidenschaft: Er leidet unter der Last dessen, was zwischen ihm und Gott steht, aber seine Ehrlichkeit im Angesicht des Barmherzigen überbrückt den Abgrund der Schuld – und dadurch wird ihm der Neubeginn seines Lebens verheißen.

Buchstabiere ich diese Psalmworte für mich, dann heißt seine Botschaft: Wenn ich zu meinen Dunkelheiten und Bruchstücken aufrichtig stehe, sie als Teile meiner selbst annehme und mich so vor meinen Gott hinstelle, dann nimmt die Verheißung Gottes Gestalt an: *seine* Zusage schenkt mir neuen Mut, macht mir einen neuen Anfang möglich, be-geistert mich neu und öffnet mir neue Aussichten für meinen Lebensweg.

Schuld und Scherben

Ich halte die Scherben meines Lebens in der Hand: Was ist in mir, durch mich und um mich herum alles zerbrochen? Ist nicht auch meine Beziehung zu mir selbst, zu anderen, zu Gott ein riesiger Scherbenhaufen? Wer von uns kennt diese Gefühle nicht und hat sie nicht schon an Leib und Seele verspürt?

Der alttestamentliche Beter des Psalms 51 wird unser Bruder, indem er seine Schuld und seine Scherben näher bezeichnet – wie Dreck, der Leib und Seele beschmutzt. Er breitet die ganze Not seiner Existenz vor seinem Gott aus. Die ganze Doppelbödigkeit seines menschlichen Lebens kommt zur Sprache: sein Hang zum Bösen und seine Verweigerung gegenüber dem Nächsten und damit gegenüber Gott. Aber in seiner Zerbrochenheit ruft er zuletzt seinen Gott an. Jahwes Gnade, *seine* Güte und *sein* Erbarmen sind das Letzte, auf das er hoffen kann.

Also sehe ich mir jede einzelne meiner Scherben an, – die Gewalt, die Unehrlichkeit, die Geltungs- und Herrschsucht, die Brutalität, die Ausbeutung, die Bequemlichkeit ... Es hilft nichts, die Scherben als Edelsteine zu tarnen und ihre Scharfkantigkeit zu verharmlosen oder sie einfach wegzufegen und in den Mülleimer zu befördern. Erst durch das Zerbrochene hindurch kann mein neuer Aufbruch geschehen ...

Scherben bringen ...

„Scherben bringen Glück!" – so sagt ein Sprichwort. Und das ist nicht nur Aberglaube. Die Tränen meiner Partnerin, meines Nächsten signalisieren mir Wichtiges. Die Scherben beim Polterabend können auch bedeuten: „Fangt neu an miteinander! Beginnt neu, mit ‚neuem Porzellan' in einem neuen Miteinander, das den ‚alten Menschen' hinter sich läßt!"

Ein Mosaik wird erst durch das wundersame Zusammenspiel von Scherben zu einem ganzen Bild. Im Märchen von „König Drosselbart" muß erst Geschirr zu Bruch gehen, ehe dem König die Augen aufgehen und ihm durch seine Umkehr ein neuer Weg eröffnet wird. Scherben sind im Leben nicht das Letzte. Manches, das in mir zerbricht oder mir aus den Händen fällt oder geschlagen wird, macht meinen Neuanfang notwendig. Die Scherben können meine Lebens-Not wenden.

Diese Wahrheit erkennt auch der Beter von Psalm 51, der den Machtbereich des Todes und der Sünde in ihrer ansteckenden und tödlichen Destruktivität durchschaut. Er hat erfahren, daß die Scherben seines Lebens ihn verletzt und zu Boden geschmettert haben. Aber die andere Seite der Wahrheit heißt nicht, den Kopf in den Sand zu stecken oder sich lebendig begraben zu lassen, sondern sich vertrauensvoll vor Gott hinzustellen und sich *seiner* Güte und Barmherzigkeit anzuvertrauen:

„Ja, DU bist Gott.
Sag' doch ein Wort.
Laß' mich nicht meine Scherben büßen.
Sag', was DU willst. DU hast ja recht mit Deiner Anklage.
Aber laß' es so nicht bleiben.

Sag' DU mir Dein Wort, das befreit und tröstet.
Dann wird alles anders. Ganz und gar anders. Neu."

... ein neues „Herz" und einen neuen „Geist"

Im Denken des Alten Testaments sind „Herz" und „Geist" die beiden Grundkräfte, aus und mit denen der Mensch lebt. Das Herz ist der Sitz der Vernunft; das Organ, mit dem der Mensch die Welt- und Lebensordnung erfaßt. Mit seinem Herzen hört und öffnet sich der Mensch Gott gegenüber. Daneben ist der „Geist" das Zentrum der Lebenskraft und des Willens. Vom „Geist" hängt es ab: Tod oder Leben. Wer „Geist" hat, hat Anteil an Gottes „Geist", der durch den „Geist" uns Menschen befähigt, uns be-geistert, an seiner Stelle zu reden und zu handeln.

Es ist also nichts Geringes, um was der Beter von Psalm 51 angesichts seiner leidvollen „Scherben"-Erfahrung bittet: Er bittet, daß Gott ihm ein ehrliches und aufrichtiges Herz erschaffen möge, damit er die Lebensordnungen und den Weg Gottes mit uns Menschen voll erfassen kann. Noch mehr: Gleich dreimal bittet er um den rechten „Geist", damit er das mit seinem Herzen Erkannte auch konsequent und voller Liebe in seinem Leben verwirklichen kann.

Am Ende des Psalms steht die unbedingte und unabdingbare Verheißung, die uns schon der Prophet Jesaja verkündet (vgl. Jes 57,15):
„Ich bin auch bei den Zerschlagenen und Bedrückten, um den Geist der Bedrückten wieder aufleben zu lassen und das Herz der Zerschlagenen neu zu beleben."

Scherben sind nicht das Letzte – zum Beispiel: Jesus

Ermutigt durch diese Erfahrung des Psalmbeters und durch die Verheißung Gottes blättere ich in meiner Bibel weiter. Mir begegnet Jesus von Nazaret: In ihm nimmt die unbedingte Verheißung Gottes menschliche Gestalt an. Sein Tun und Lassen, seine Botschaft machen mir Mut.

Jesus kittet die Scherben der Menschen seiner Zeit zusammen: Einen gesellschaftlich Geächteten, wie den Zöllner Zachäus, läßt er nicht links liegen; er genießt sogar dessen Gastfreundschaft und bewirkt dadurch seine radikale Umkehr. Eine aus religiösem Fanatismus Todgeweihte, die Ehebrecherin, nimmt er so an, wie sie ist, verurteilt sie nicht, sondern er öffnet ihr eine neue Lebensperspektive –

er schenkt ihr ein neues „Herz“ und einen neuen „Geist“. Und selbst den treuesten Freund, der ihn in seiner Folter und in seinem Todesleiden verleugnet, den Petrus, umarmt er und läßt ihn wieder seine Nähe spüren; ja, er ermutigt ihn, seine neue Botschaft, das Evangelium, mit seinen menschlichen Fähigkeiten und Möglichkeiten weiterzusagen.

Der Beter des Psalms 51 und Jesus von Nazaret machen mir Mut, mich selbst anzunehmen. Aus dem Zerbrochenen kann ich einen neuen Aufbruch wagen, weil mir in Wort und Tat Neues zugesagt ist. Die Scherben meines Lebens sind da, aber sie bleiben nicht das Letzte …

„… Dein Wort, Dein Segen, DU, Gott, läßt mich neu atmen, pflanzt mir ein neues Herz ein, stattest mich mit neuem Geist aus.“

KIRSTEN SCHWELLENBACH

Psalm 58

Zorn aus Gottesfurcht

Immer, wenn wir ein heftiges Gefühl verspüren, meldet sich eine Wahrheit in uns. Wie oft hilft es, einem Gefühl auf den Grund zu gehen und, nach dem buchstäblichen Gefühls-„Ausbruch“ aus dem Inneren, die dabei gelockerte Erde anzusehen, aus der Neues wachsen kann.

Wut – ein wenig salonfähiges Gefühl

Die Wut gehört zu den wenig salonfähigen Gefühlen – zumal für Christen. Dabei scheint Jesus, wenn man sich die Tempelaustreibung oder manche Schimpfrede über die Pharisäer vor Augen und Ohren führt, auch nicht gerade jemand gewesen zu sein, der mit seinen Zornausbrüchen hinterm Berg gehalten hätte. Nein, er war niemand von „blaßgesichtiger Harmlosigkeit“, wie es *Josef Pieper* einmal ausgedrückt hat. „Ihr Schlangenbrut“ (Mt 12,34), „Eure Becher sind außen sauber, innen aber seid ihr voll Raubgier und Bosheit!“ (Lk 11,39). Solche Sprüche sind aus dem Mund Jesu keine Seltenheit. Und Paulus beschimpft den Hohenpriester Hananias: „Du übertünchte Wand!“ (Apg 23,3). – Zorn kann heilig sein.

Horrorfilm Bibel

Der 58. Psalm ist ein wahrer Wutausbruch. Er beginnt mit der Frage, die den Beter am meisten bedrängt: „Sprecht ihr wirklich Recht, ihr Mächtigen?“ Und sofort folgt in den Versen 3–6 ein Schwall von Anklagen: Von Willkür, Bosheit und Unrecht, also sozialen Anklagen, ist die Rede, dann aber auch von Abirrung vom Weg und Lüge, vom Gift, vom Nicht-Hören. Lauter Vorwürfe also, die den Charakter betreffen.

Etwa genauso ausführlich wie die Klage ist der nun folgende Fluch. Da werden Bilder gebraucht wie aus einem Horrorfilm, der zusehends brutaler wird: Zuerst sollen den Feinden nur die Waffen zerstört, die Zähne gebrochen werden. Dann will der Psalmist sie ganz vergehen sehen, so wie Wasser verrinnt, wie Gras verwelkt, eine Schnecke sich in ihrem Schleim auflöst. Schließlich geht er so weit, daß er wünscht, sein Feind wäre nie entstanden, wie eine Fehlgeburt, die nie die Sonne geschaut hat. Der Haß muß tief sitzen. Überraschend dann der Schlußvers: Der Gerechte freut sich über die Vergeltung und badet seine Füße im Blut des Frevlers. Es gibt einen Gott, der auf Erden Gericht hält. Dieser letzte Satz scheint mir entscheidend zu sein. Es gibt einen Gott, der auf Erden Gericht hält.

Zu der Zeit, als dieser Psalm entstand, glaubte Israel noch nicht an ein Leben nach dem Tod. Die Hoffnung darauf entstand erst ungefähr im 2. Jahrhundert vor Christus. Wenn Gott für den Psalmisten also überhaupt wirksam sein sollte, dann jetzt, in diesem Leben *vor* dem Tod. Denn in der Unterwelt hätte er ihn nicht mehr preisen können! (vgl. Ps 6,6)

Gott als Exekutive unseres Rachegefühls?

Trotzdem: So dringend die Rettung vielleicht ist, ist sie denn auch berechtigt? Muß Gott als Exekutive für die Rachegefühle eines Menschen herhalten? Sieht der Beter des 58. Psalms nur seine eigene Perspektive, und der Feind, den er so sehr bekämpft, betet den gleichen Psalm vielleicht genauso zu Gott – nur in umgekehrter Richtung?

Immer wieder wird in den Psalmen deutlich, daß es dem Beter nicht um die Stillung eigener Rachegefühle geht. Das wird vor allem an den Passagen des Psalters deutlich, in denen der Psalmist sich selbst genauso hart unter die Lupe nimmt, wie er es mit seinen Feinden tut. Diese Passagen nennen die Bibelwissenschaftler „bedingte Selbstverfluchungen“. Ein Beispiel aus Ps 7: „Wenn ich das getan habe, Herr, mein Gott, wenn an meinen Händen Unrecht klebt, wenn ich meinem Freunde Böses tat, wenn ich den quälte, der mich grundlos bedrängt hat, dann soll mich der Feind verfolgen und ergreifen; er richte mein Leben zugrunde und trete meine Ehre mit Füßen“ (Ps 7,4–6).

Mehr als persönliche Rachegelüste steht also hinter den sogenannten Fluchpsalmen der Eifer für das Gute, für eine gerechtere Welt. Und vor allem steht dahinter der Glaube daran, daß Gott retten will und kann!

Fluch als Hilfeschrei zu Gott

Vertrauen wir der Bibel, stehen wir einem Gott gegenüber, der von der Befreiung Israels aus Pharaos Hand bis hin zu den Heilungen Jesu im Neuen Testament nichts anderes will, als die Menschen zu heilen und gesunden zu lassen. Gott wird immer wieder als der Barmherzige beschrieben – das ist das ihn am meisten auszeichnende Attribut. „Sein Zorn dauert nur einen Augenblick, doch seine Huld ein Leben lang!“

Wir sind bei der Frage nach Gott angesichts des Leides angelangt, der Theodizeefrage, die unbeantwortet ist bis auf den heutigen Tag. Manchen ist es ein Trost, daß Menschen wie der leidende Gottesknecht, von dem das Jesajabuch spricht, oder Menschen wie Jesus gelitten haben. Wer weiß, wieviel von seinem Todesschrei am Kreuz auch Fluchschrei war: Wo ist der Gott, der auf Erden Gericht hält?

Die einen sagen, solange Menschen leiden, kann Gott nicht Richter sein – als seien die Holzbalken des Kreuzes die abgesägten Beine des Richterstuhles Gottes. Andere sprechen nach dem Tod Jesu noch immer – oder wieder neu – von Auferstehung und vom Gottesreich. Die Welt, in der wir leben müssen, ist dennoch, immer noch, eine von Leid geprägte. So lange sollte dem Hoffenden ein Fluchgebet erlaubt sein.

DANIEL KOSCH

Psalm 63

Beten heißt: Gott suchen

Beten = mit Gott reden?

Wenn ich mich daran erinnere, was mir als Kind zum Thema „Beten" beigebracht wurde, so fällt mir zunächst der Satz ein: „Beten heißt mit Gott reden." Und wenn ich daran zurückdenke, was ich als junger Religionslehrer den Kindern zum Thema zu vermitteln suchte, fällt die Auskunft nicht viel anders aus, nur daß ich stets betont habe, im Gebet könne man Gott wie einem Freund „alles" sagen: Neben Dank und Bitte haben auch Klage, ja sogar Wut und Zorn ihren Platz. Und natürlich gehört zum Beten nicht nur das Reden, sondern wie bei jedem echten Gespräch auch das Schweigen und Hören.

All das ist zweifellos nicht falsch. Aber bei der Beschäftigung mit dem 63. Psalm ist mir wieder einmal bewußt geworden, wie einseitig dieses so stark auf Worte und die Sprache ausgerichtete Verständnis von Gebet ist. Und es ist mir aufgegangen, daß diese Vorstellung vom Reden mit Gott das keineswegs selbstverständliche Vertrauen voraussetzt, daß Gott „da" ist, daß jemand mich hört und mein Gebet nicht im Nichts verhallt.

Beten: Vielfalt der Formen

Der Beter oder die Beterin dieses Psalms verwendet eine ganze Reihe von Ausdrücken für das, was wir recht selbstverständlich „beten" nennen. Er spricht vom Suchen, Dürsten und Schmachten nach Gott. Er hält Ausschau nach Gott, will Gott sehen, ihn preisen und rühmen, die Hände erheben. Aber er spricht auch vom Sattwerden, von Jubel und Nachdenken, vom Hängen an Gott und vom Gehaltensein. Wenn ich diese Reihe von Ausdrücken überblicke, fällt mir auf, wie der ganze Mensch einbezogen ist: nicht nur das Wort und der Gedanke, sondern auch die leibhafte Erfahrung von Hunger und Durst, von Trinken und Sattwerden werden hier Gebet.

Die erhobenen Hände, die wir hauptsächlich als liturgische Gebetshaltung kennen, sind hier Ausdruck dafür, daß der ganze Mensch sich nach seinem Gott ausstreckt, daß seine Gottsuche ihn nicht nur geistig, sondern in seiner Ganzheit in Bewegung versetzt. Vom jüdischen Philosophen *Emmanuel Lévinas* stammt ein Wort, das diese Beobachtung gut zusammenfaßt: „Womit wird geglaubt? Wie die Psalmen sagen: mit dem ganzen Leib."

Beten: nach Gott dürsten

Daß Gebet nicht nur mit dem zu tun hat, was sich in Worte fassen läßt, wird noch klarer, wenn ich mir vor Augen halte, daß das Wort „Seele", das im Psalm dreimal vorkommt, eigentlich besser mit „Lebensatem", „Vitalität" oder „Lebensenergie" übersetzt würde. Zunächst bedeutet es nämlich ganz einfach „Kehle", also den Bereich in unserem Körper, den wir bewußt wahrnehmen, wenn wir Durst haben, ausgetrocknet sind oder Atemnot verspüren. Modern ausgedrückt: Gebet und Gottsuche sind ein „psychosomatisches", Leib, Seele und Geist ganzheitlich erfassendes Geschehen. Beten heißt also – um beim Bild der trockenen und durstigen Kehle zu bleiben – nach Gott dürsten: „Gott, du mein Gott, dich suche ich, mein ganzes Leben dürstet nach dir wie dürres, lechzendes Land ohne Wasser."

Dieses Verständnis von Gebet hat etwas sehr Befreiendes und Entlastendes an sich: Das Gebet beginnt nicht erst dort, wo Menschen glauben oder wissen, daß ein Gott da ist, der sie hört, sondern schon mit dem Suchen, mit dem Durst, mit dem Hunger, mit der Sehnsucht. Das ist hilfreich im Blick auf die eigenen Erfahrungen, daß Gott mir in bestimmten Situationen oder auch in manchen Abschnitten des Lebens abhanden kommt, so daß ich nicht „einfach mit Gott reden kann", sondern mich auf die Suche machen muß nach meinem Gott.

Durst nach Leben

Das Wissen darum, daß Beten schon dort beginnt, wo Menschen sich auf die Suche machen, ist aber auch im Blick auf viele Menschen am Rand oder außerhalb der Kirchen wichtig. Ihnen geschieht Unrecht, wenn gesagt wird: Wir leben in einer Zeit, in der „einfach nicht mehr genug gebetet" wird. Im Gegenteil, unsere Zeit ist geprägt von der manchmal fast verzweifelten Suche nach Leben, nach Energie, nach Vitalität, nach Ganzheitlichkeit, nach Sinn.

Und tatsächlich suchen Frauen und Männer innerhalb und außerhalb der Kirchen diese Lebenskraft nicht nur im Wort und Gespräch, sondern leibhaftig: in der Kraft der Steine und in der Wirkung der Düfte, in Ernährungslehren und Körpertherapien, in Meditation und Yoga usw. Ohne all diese Suchrichtungen unkritisch zu bejahen oder gar christlich zu vereinnahmen, gilt es anzuerkennen, daß darin ein tiefer Lebensdurst zum Ausdruck kommt. Und es gilt zu fragen, ob nicht gerade die einseitige Ausrichtung unserer Gebete und Gottesdienste auf das Wort, auf den Verstand und die Sprache ein Grund dafür ist, daß viele Menschen, die nach göttlicher Lebensenergie dürsten, diese nicht mehr in den großen Kirchen suchen, sondern dort, wo tatsächlich „mit dem ganzen Leib geglaubt" wird.

Allerdings wäre es allzu einfach, auf die Schwierigkeiten und Nöte, die viele Menschen heute mit dem Beten haben, ihre Sprachlosigkeit und ihre Erfahrung der Haltlosigkeit und der Einsamkeit mit ein paar äußerlichen Anpassungen an gewandelte Bedürfnisse zu reagieren: ein paar Duftkerzen oder die Rückkehr zum Weihrauch, ein paar liturgische Tänze oder zum Gebet erhobene Hände reichen nicht aus, um dieser Not zu begegnen. Vielmehr geht es darum, das eigene Suchen, die eigenen Sehnsüchte zunächst überhaupt zuzulassen. Es geht darum, dem eigenen Durst auf die Spur zu kommen.

Oft sind es die Not, die Angst, die Einsamkeit oder das Betroffensein von eigenem oder fremdem Leid, die Menschen manchmal schlagartig bewußt machen, daß ihre tiefsten Sehnsüchte ungestillt sind. Plötzlich machen sie die Erfahrung, daß eigentlich ihr ganzes Leben eine einzige Durststrecke ist. Auch der Beter und die Beterin des Psalms sehen ihr Leben bedroht: „Viele trachten mir ohne Grund nach dem Leben." Vor diesen Menschen hat der Beter sich in den Tempel geflüchtet, wo er Asyl und Schutz sucht. Not und Bedrohung haben in ihm den Durst nach Gott geweckt, konkret: nach seiner Nähe, nach seinem Schutz im Tempel.

Solches Beten, in dem Menschen ihre Not und Bedrohung, ihren Durst und ihren Hunger, ihr Lechzen nach Wasser und nach Leben mit Gott in Zusammenhang bringen, ist kein Schlaf- und auch kein Beruhigungsmittel. Im Gegenteil: Ausdrücklich spricht der Psalm von der Schlaflosigkeit des Beters oder der Beterin: „Ich denke an dich auf nächtlichem Lager und sinne über dich nach, wenn ich wache." Gebet, verstanden als Suche nach Gott, als Durst, den die Beterinnen und Beter nicht nur in Worte fassen, sondern körperlich spüren und ausdrücken, ist nicht nur leibhafter und lebensnäher. Solches Beten verliert auch seine Harmlosigkeit, es macht nicht schläfrig, sondern wachsam. Solches Beten schärft die Wahrnehmung für eigene und fremde Not.

Suchen und Finden

Nun ist zwar Beten - auch in diesem Psalm - nicht nur Suchen, nicht nur Dürsten, nicht nur Schmachten, nicht nur Sehnsucht, nicht nur die Erfahrung, daß das eigene Leben „wie dürres lechzendes Land ohne Wasser" ist. Auch dieser Psalm spricht gleichzeitig von Jubel, von Sättigung, von Gottes liebender Zuwendung (für die die Einheitsübersetzung das altertümliche Wort „Huld" verwendet), von seiner Hilfe, vom Geborgen- und Gehaltensein in der Hand Gottes.

All dies wird dem betenden Menschen zur Gewißheit, indem er „Gottes gedenkt", wie es im Psalm heißt: Damit ist nichts anderes gemeint als die Erinnerung, als das Wachhalten der Befreiungstaten Gottes in der Geschichte. Indem der betende Mensch sich selbst in diese lebendige Erinnerung an Gottes Befreiungshandeln hineinbegibt, macht er selbst Befreiungserfahrungen und jubelt: „Fürwahr, du bist mir zur Rettung geworden." Aber diese tröstliche, stärkende und ermutigende Kraft des Gebetes ist nicht zu haben, ohne daß wir - als einzelne wie auch als Gemeinschaft von Glaubenden - unserem eigenen Durst auf die Spur kommen und unsere Sehnsucht Gestalt annehmen lassen.

Wenn ich wieder einmal mit Kindern oder auch mit Erwachsenen über das Gebet ins Gespräch komme, werde ich ihnen sagen, daß eines von vielen Wörtern für „beten" in der Bibel „Gott suchen" lautet. Und ich werde ihnen erzählen, daß das Beten dort beginnt, wo wir allein oder miteinander den unstillbaren Durst nach Leben verspüren. Wenn wir diesem Durst auf die Spur gekommen sind, kann uns aufgehen, was es heißt, daß Gott die Quelle des Lebens ist. Und wir werden dieses Leben feiern, nicht nur mit Worten, sondern - wie es im Kirchenlied heißt - mit „Herzen, Mund und Händen".

ALFRED MERTENS

Psalm 65

Von der heilenden Kraft der Erinnerung

Unglaubliche Botschaften ...

„Das ist ja Wahnsinn", ruft Karin in einer Mischung aus Überraschung und ungläubigem Staunen. Die junge Frau quält sich seit geraumer Zeit bereits mit Schuldvorwürfen, mit solchen, die sie sich selber macht, und mit solchen, die andere machen. Jetzt sitzt Karin vor mir, ratlos, mit Tränen in den Augen, am Ende mit ihren Kräften und mit ihrer Fassung. Ich erzähle ihr das Gleichnis vom verlorenen Sohn und seinem barmherzigen Vater, und daß damit ein Gott gemeint ist, der bedingungslos und voraussetzungslos vergibt und liebt. „Auch wenn man gar nichts wiedergutmachen kann?" fragt sie zurück. Und als ich ihr das bestätige, da bricht es geradezu aus ihr heraus: „Das ist ja Wahnsinn!"

Was ist bei diesem Schlüsselerlebnis, wie sie es nennt, eigentlich geschehen? Eine bisher so nicht bewußte Seite Gottes ist ihr neu aufgegangen. Es lohnt, näher hinzuschauen, wie so etwas gehen kann. Vielleicht werden wir Karins Erfahrungen auch selbst einmal für uns brauchen.

Wir haben alle unsere Bilder von Gott. Es sind gute, wertvolle Bilder von Gott, die wir in uns tragen, wahrscheinlich gibt es auch schiefe Anteile daran, vielleicht sogar belastende, verhängnisvolle. Wie immer: Sie prägen, bewußt oder unbewußt, unser Verhalten, sie sind ein Stück von uns. Nur wird niemand von uns auf die Idee kommen zu behaupten: Mein Bild von Gott, das ist das einzig wahre. Gott ist größer als unsere Bilder von ihm.

... glaubhaft machen ...

Gerade die tiefsten Seiten Gottes sind uns oft nicht bewußt. Und doch können sie für uns besonders wichtig sein, weil sie neue Wege öffnen, etwa wie Karin es erlebt hat. Nur: Es fällt uns schwer, sie „wahrzunehmen". Uns fehlen die Zugänge von den uns gewohnten

Bildern her. Wir müssen uns dann auf Spurensuche begeben, Zugänge suchen, Bilder finden für das, was da oft so ungewohnt auf uns zukommt.

Hier kann der Psalm 65 eine Hilfe sein. Er zeigt in geradezu beispielhafter Weise auf, wie wir uns Ungewohntes, Neues aneignen können für unsere Bilder von Gott. Der erste Beter dieses Psalms macht auch eine Erfahrung, die er zunächst nicht glauben kann. Zwar weiß er – es klingt wie eine Katechismusweisheit: „Alle Menschen kommen zu dir unter der Last ihrer Sünden." Aber dann geht es ihm wie Karin; er kann es kaum glauben und möchte es doch so gern: „Unsere Schuld ist zu groß für uns, (und doch:) du wirst sie vergeben."

Wie aber vergewissert er sich, daß wahr ist und stimmt, was er glauben möchte und doch kaum glauben kann? Er sucht Zugänge zum Neuen, Überraschenden in dem, was er kennt und weiß. Er denkt an die Hoheit der Berge, die Gott hingestellt hat, und an das Brausen des Meeres, und es wird ihm zum Bild für den gottwidrigen Aufruhr der Völker; aber er weiß, daß Gott beiden Grenzen gezogen hat. Und er spricht vom Wirken Gottes im Lauf des bäuerlichen Jahres. Er denkt an den Regen, den Gott zur rechten Zeit schickt und damit die Voraussetzung schafft für üppige Fruchtbarkeit des Landes: „Du krönst das Jahr mit deiner Güte."

... durch Erinnerung an Vertrautes

Möglicherweise liegt hier noch ein wichtiger Unterschied zwischen dem Psalmisten und uns: Wir können wohl – mit dem Wissen um unsere technische Zivilisation – Gott nicht mehr so unbefangen überall in der Natur am Werk sehen. Aber in einem sind wir gleich: Wir brauchen die Erinnerung an das, was wir von Gottes Wirken wissen. Es wird für uns oft ein sehr verborgenes Wirken sein, oft mehr geahnt und ersehnt als gewußt. Aber wir müssen uns auf die Suche machen nach Spuren Gottes. Das unbegreifbare heilschaffende Tun Gottes, z. B. in seiner bedingungslosen Bereitschaft zu lieben und zu vergeben, werden wir im Glauben leichter annehmen können, wenn wir uns an seine uns eher zugänglichen Werke erinnern.

Ist es ein Zufall, wenn das „Sich erinnern", das „Gedenken" in der biblischen Sprache eine so große Rolle spielt? Freilich nicht in so flüchtiger Form wie oft bei uns, wenn wir ein Fotoalbum durchblättern und an längst Vergangenes denken, sondern in jener einzigartigen Dichte, in der das Vergangene zur Gegenwart wird, wie etwa jetzt bei unserer Eucharistiefeier, wenn Tod und Auferstehung Jesu Christi unter uns gegenwärtig werden.

Unser Psalm ist wie die Präfation, mit der wir nachher das Hochgebet eröffnen werden. „Dir gebührt Lobgesang, Gott, auf dem Zion“ heißt nichts anderes als „In Wahrheit ist es würdig und recht, dir immer und überall zu danken“ – gerade dann, wenn in unseren Augen „Wahnsinn“ ist, wie er für uns ist und was er für uns tut.

BERNHARD LÜBBERING

Psalm 67

Festtagsfreude öffnet für die Völker

Das Leuchten des Angesichtes Gottes – der Segen

Der amerikanische Religionspädagoge *Robert Coles* erzählt in seinem Buch „Wird Gott naß, wenn es regnet?“: Eine Viertkläßlerin von neun Jahren im US-Staat Massachusetts hatte sich sehr viel Mühe gegeben, um „Gottes Gesicht“ (nicht, wie sie betonte, „das Gesicht von Jesus“) zu zeichnen. Ich saß ganz in ihrer Nähe in einem Klassenzimmer und sah mir Bilder an, die vorher von Sechstkläßlern gemalt worden waren. „Möchtest du mehr als das Gesicht malen?“ fragte ich sie. Sie gab keine Antwort. Nach einer Pause wurde ich deutlicher: „Willst du nicht auch den Körper malen?“ – „Nein.“ Wieder eine Pause und dann kam: „Wenn ich an Gott denke, fällt mir immer nur Sein Gesicht ein. Ich kann mir außer Seinem Gesicht nichts weiter vorstellen.“

So muß es wohl auch bei den Psalmbetern des Volkes Israel gewesen sein. Nicht selten sprechen sie vom Angesicht Gottes. So auch die Beter dieses Psalms 67, die sich anläßlich des Erntedankfestes zum Gottesdienst im Tempel zusammengefunden haben und um das Leuchten des göttlichen Angesichtes als Segen bitten. Die Segensbitte ist der Rahmen für diesen kleinen Dankpsalm. Jeder kennt das Bild, wie sich eine Mutter oder ein Vater über das Kind in der Wiege beugt und dem Kind zuspricht und zulächelt. Diese Zuwendung gibt dem Kind das Gefühl: Ich bin in herzlicher Wärme geborgen, denn da ist ein Gesicht, ein Mensch, der bejaht mich, der ist für mich da. Ich kann voller Vertrauen sein. Ich kann leben. Dieses zu erfahren, bedeutet Segen.

Aus Freude und Dank neue Offenheit

Um diese bejahende Zuwendung – nicht eines Menschen, sondern des Gottes, der die Quelle allen Lebens ist, der das Volk Israel aus der Knechtschaft Ägyptens befreit hat – bitten die Beter am Erntedankfest. Sie sind voller Freude und Dank. Ihre Beziehung zu Gott ist voller Vitalität. Da bitten sie um die Erfahrung, die ihnen schon so viel Kraft gegeben und die Mose am Dornbusch in der Wüste gemacht hat, als er nicht das Antlitz Gottes sah, wohl aber den brennenden Dornbusch, und die Stimme hörte: „Ich bin der ‚Ich-bin-da'" (Ex 3,14). Die Beter, die aufgrund der guten Ernte glücklich sind („Das Land gab seinen Ertrag"), möchten in dieser Situation neu und tiefer erfahren, daß sie ganz und gar in der Güte und Liebe Gottes stehen, daß das Leuchten des Angesichtes Gottes nie von ihnen weicht. Wenn das Leben so gesegnet ist, dann werden sie in Frieden leben können, im Schalom Gottes. Aber nicht nur sie, sondern auch die Völker ringsherum.

Die Freude und Dankbarkeit, die die Gemeinde am Erntedankfest erfährt, macht sie offen und weit, und deswegen wünschen die Betenden, daß auch die Völker mitgerissen werden von der Dankbarkeit und der jubelnden Freude dieses Festes. Das wird geschehen, wenn die Völker Gott anerkennen und einsehen, daß er sie auf einen guten Weg führen will und daß am Ende dieses Weges die Erfahrung des Heiles steht.

Doch das ist ein frommer Wunsch. Damals wie heute steht Gott bei den Völkern, bei den Menschen, nicht hoch im Kurs. *Alfred Delp* formulierte das aus seiner Erfahrung so: „Die Tragik der abendländischen Geschichtlichkeit ist diese: daß unsere eigentlichen geistigen Bewegungen nicht mehr um eine Mitte kreisen." Kriege und Gewalt, Armut auf der einen und Reichtum auf der anderen Seite sind äußere Auswirkungen und Zeichen dieses göttlichen Kursverlustes. Wie steht doch die harte Realität im Gegensatz zu dem Wunsch, daß die Völker sich freuen und jubeln und Gott danken sollen! Wer kann eine Wende bringen?

Gott richtet – aber wie?

Da erinnern sich die Beter. Es gibt nur einen: Gott. „*Du* richtest den Erdkreis gerecht und *Du* regierst die Nationen auf Erden!" Das ist keine Bitte, sondern eine Feststellung. Ein Ausdruck für den tiefen Glauben, daß Gott der Herr aller Völker, daß er der Herr der Geschichte ist.

Der Gedanke an den Richtergott mag erschrecken. Wir denken gleich an den Strafrichter, und schon klingt das Lied: „Strenger Richter aller Sünder ..." in unseren Ohren. Doch es gibt ein anderes biblisches Bild: Gott richtet das endzeitliche Mahl für alle Völker her. „Der Herr der Heere wird auf diesem Berg für alle Völker ein Festmahl geben / herrichten mit den feinsten Speisen, ein Gelage mit erlesenen Weinen, mit den besten und feinsten Speisen …“ (Jes 25,6). Es ist gut denkbar, daß die beim Erntedankfest versammelte Gemeinde an dieses großartige Gottesmahl am Ende der Zeiten denkt und deswegen singt: „Die Völker – nicht nur wir hier –, die Völker sollen dir danken, o Gott; danken sollen dir die Völker alle!“

Angeregt durch die Festtagsfreude, leuchtet in diesem kurzen Psalm ein großartiges Bild der im Gotteslob „vereinten Nationen“ auf. Brauchen wir heute angesichts der Kriege und Hungerkatastrophen nicht solche aus der Gebets- und Gottesdiensterfahrung kommende Visionen für das Zusammenleben der Völker auf der Erde? Nicht um geistlich die blutige Realität zu verklären, sondern um Energien und Hoffnung zu schöpfen für den langen und mühsamen Weg, bis alle Nationen sich freuen und jubeln können und alle Welt von Gott ergriffen und fasziniert ist.

Mit Jesus kommt die Gottesherrschaft

Als Christen werden wir hier auch an das Reich Gottes denken, von dem Jesus in vielen Gleichnissen gesprochen hat. Alles, was Jesus vom Reiche Gottes gesagt hat, macht deutlich, daß es um Gottes- und nicht um Menschen- oder gar Kirchenherrschaft geht. Um das Kommen dieses Reiches oder, im Bild des Psalmes gesprochen, um das Leuchten des Angesichtes Gottes, das alles Leben durchdringen und zu einem Fest verwandeln soll, darum beten wir im Vaterunser mit den Worten „Dein Reich komme.“ *Alfred Delp* kommentiert das so: „Diese Bitte verlangt von uns allen eine Bekehrung und Selbstbescheidung. – Und die Bereitschaft zu einer Revolution, das heißt die Bereitschaft zu einer sozialen Umwälzung, damit eine Ordnung wieder wird, die es dem Menschen ermöglicht, menschgemäß und somit gottoffen und gottbereit zu leben … Diese Bitte will Großes von Gott, ja letztlich ihn selbst. Sie entläßt den Menschen aber zugleich in eine große Verantwortung.“

Verwiesen auf den Segen Gottes

Unter dem Leuchten des Angesichtes Gottes wird die Gemeinde in die Verantwortung gerufen, das Ihre zu tun, damit alle Völker Gott ehren und anbeten. Angesichts der Zerrissenheit der Völkerfamilie und im Bewußtsein der eigenen Schwäche haben die Gemeinde und auch der einzelne immer wieder den priesterlichen Zuspruch notwendig:

Der Herr segne dich und behüte dich.
Der Herr lasse sein Angesicht über dich leuchten
und sei dir gnädig.
Der Herr wende sein Angesicht dir zu
und schenke dir Heil (Num 6,24–27).

MARTINA BLASBERG-KUHNKE

Psalm 71

Gott – Zuflucht und Zukunft im Alter

Alter – eine menschliche und religiöse Herausforderung

„Alle möchten alt werden – aber niemand will alt sein", heißt es oft, wenn von alten Menschen die Rede ist, wenn jüngere über ihr Verhältnis zu Alten sprechen, aber auch, wenn sie mit Bangen oder mindestens mit ambivalenten Gefühlen an das eigene Altern denken. Ein langes Leben, das haben sich die Menschen aller Zeiten gewünscht – aber ebenso wichtig, wie dem Leben Jahre zu geben, ist es, den Jahren Leben zu geben.

Das erste ist uns Menschen des zwanzigsten Jahrhunderts in den industrialisierten Gesellschaften weithin gut gelungen. Durch den hohen Standard der Medizin, die besseren Lebens- und Wohnverhältnisse, die Verbesserungen des Arbeitslebens und anderes mehr hat sich die durchschnittliche Lebenserwartung innerhalb von hundert Jahren mehr als verdoppelt. Die heute alten Frauen und Männer in Deutschland dürfen mit einer Lebenserwartung von etwa 75 Jahren rechnen. Aber geht damit für die Betroffenen einher, daß sie nicht nur länger leben, sondern daß sie die gewonnenen Jahre auch als erfüllte und beglückende Phase ihres Lebens empfinden?

„Altern ist heute primär soziales Schicksal", hat ein Altersforscher vor einigen Jahren seine Forschungen über die Lebenssituation älterer Menschen resümiert, und er faßt damit die Erfahrungen vieler Altgewordener zusammen. Alte Menschen erleben sich in vielen Bereichen des öffentlichen Lebens als unerwünscht. Sie müssen es sich gefallen lassen, hauptsächlich als Last für die Gesellschaft gesehen zu werden – die politischen Diskussionen um die Pflegeversicherung und die Sicherung der Renten sind sprechende Beispiele dafür. Tatsächlich bedeuten die mit dem Alter öfter einhergehenden körperlichen Beeinträchtigungen nach Aussagen Betroffener eine weniger große Last als die sozialen Erfahrungen, die für nicht wenige mit ihrem Alter verbunden sind: Ausgrenzung, das Gefühl, überflüssig zu sein, zunehmende Isolierung und Einsamkeit.

Alter ist zu einer hohen menschlichen Herausforderung geworden. Sie verlangt den alten Menschen ab, auch angesichts einer Gesellschaft, die aus vielen Gründen das Alter nicht schätzt, ihr Leben zu bejahen. Das Alter fordert zugleich immer auch religiös heraus: Angesichts der knapper werdenden Lebenszeit, die eigene Lebensgeschichte im letzten anzunehmen, so wie sie gewesen ist, mit allen Höhen und Tiefen, mit allem Scheitern und Gelingen.

„Verwirf mich nicht, wenn ich alt bin" – Identität aus Glauben im Alter

Diese Herausforderungen anzunehmen und zu bestehen, gelingt nicht einfach von selbst. Um so beglückender sind Modelle, an denen alte Menschen erfahren können, daß und wie Altsein menschlich und religiös gelingen kann. Der 71. Psalm, das einzige Gebet des Psalters, in dem ausdrücklich von einem alten Menschen gesprochen wird, ist ein solches Modell. Zwar ist er unter ganz anderen gesellschaftlichen Bedingungen entstanden, in einer Zeit nämlich, in der das Alter Seltenheitswert besaß und eben darum hohe Wertschätzung genoß, in der es gleichzeitig auf das religiöse und profane Lebenswissen der Alten, ihre Lebenserfahrung und Weisheit, für das Überleben und die Zukunft der Gesellschaft ankam.

Die Leiden und die Not, die ein alter Mensch in Psalm 71 eindringlich schildert und vor seinen Gott bringt, sind gewiß andere als die Nöte, die Alte heute bewegen. Aber zu jeder Zeit ist das Alter eine menschliche und religiöse Herausforderung gewesen, und entsprechend nötigt der Beter dieses Psalms Hochachtung ab, wegen der Schonungslosigkeit, in der er sein Leid sieht und ausspricht, wie wegen der Unerschütterlichkeit seines Vertrauens, daß Jahwe, sein Beschützer vom Mutterschoß an (V. 6), ihn nicht zugrunde gehen lassen wird. Der Psalm bezeugt die Bedeutung der „religiösen Biographie" in einer lebenslangen Geschichte mit Gott; sie ist die Voraussetzung dafür, daß der betende Mensch sich im Alter (VV. 9.18) und in Todesgefahr (V. 20) klagend und bittend, aber auch dankend und lobend an seinen Gott wenden kann.

Der Lobpreis Gottes hat das Leben dieses alten Menschen erfüllt: Zeit seines Lebens hat er aus den Psalmen, dem Lied- und Gebetsschatz Israels, geschöpft, die großen Taten Gottes besungen und sich an der Psalmentradition der Gemeinde beteiligt. Glauben lernt man nicht im Alter; aber der Glaube im Alter hat seine eigene Gestalt. Im Beten des Psalms erinnert der Altgewordene sein ganzes Leben. Von Anfang an, vom Mutterleib an (V. 6) hat Jahwe ihn im Dasein gehalten, sein Leben lang hat er mit seinem Gott existiert, der ihn gelehrt hat und dessen Handeln er bis heute verkündet (V. 17). Er bittet ihn, auch im Alter nicht verlassen zu werden (V. 18), und sieht umgekehrt seine Aufgabe darin, den nachkommenden Generationen Gottes Gerechtigkeit und Stärke weiterzugeben (V. 18f). Er drückt die feste Zuversicht aus, daß Gott ihn aus der Sphäre des Todes erretten wird (V. 20) und ihm Zukunft eröffnet.

Gott, die Zuflucht und Zukunft im Alter
Psalm 71 - ein konstruktives Gebet

Psalm 71 bleibt auch für heute Alte ein ehrliches Gebet, klagt der Psalmist doch nicht nur über das Nachlassen der Kräfte im Alter, sondern auch über die Verfolgung durch Feinde (V. 10f). Wer auch immer diese sein mögen, sein Leid hat eine physische und eine soziale Seite, und beide dürfen vor Jahwe ausgesprochen werden. Dadurch wird Psalm 71 keineswegs zu einer einzigen „Klagelitanei“, er ist vielmehr durchdrungen von Äußerungen des Vertrauens, ja sogar des Jubels. Bitten und Vertrauen (VV. 1–7) schließen mit einem Jubel: „Mein Mund ist erfüllt von deinem Lob, von deinem Ruhm den ganzen Tag“ (V. 8). Notschilderungen und weitere Bitten (VV. 9–16) gehen über in einen Lobgesang (V. 14ff). Die letzten Verse (18–24) sind ein Lobgelübde, in dem der betende Mensch zum Ausdruck bringt, daß sein Leiden zwar noch besteht, sich die Situation aber geändert hat: Gott hat ihn immer gehört; Gott wird ihn wieder hören.

Die Auseinandersetzung mit den psychischen und sozialen Leiden im Alter und die Gewißheit, von seinem Gott, der ihn ein Leben lang getragen hat, auch darin nicht verlassen zu sein, setzen Kräfte frei, im Beter des Psalms 71 damals und in alten Menschen heute, die sich dieses Gebet zu eigen machen, die eine konstruktive Veränderung der Notsituation ermöglichen. Psalmen wie Psalm 71 sind von daher folgerichtig „nicht mehr nur Bitte, sondern erhörte Bitte; sie sind nicht mehr nur Klage, sondern zu Lob gewandelte Klage“.[1] Auf eine eigenwillige Art drückt *Johanna Kneer*, selber aus der Erfahrung als alte Frau, die befreiende Ambivalenz von Klage und Lob aus, wenn Sie „Gott“ und „Jahwe“ in einem Gedicht zu Psalm 71 neu durchbuchstabiert:[2]

G efangenschaft	**J** ubel
O hnmacht	**A** uferstehung
T rauer	**H** eil
T od	**W** ort
	in **E** wigkeit

[1] *C. Westermann*, Lob und Klage in den Psalmen, Göttingen 5. Auflage 1977, 60

[2] *J. Kneer*, Gott, die Zuflucht bis ins Alter (Psalm 71), in: *G. Bitter, N. Mette* (Hrsg.), Leben mit Psalmen, München 1983, 183–185, hier: 185

HANS SCHWEGLER

Psalm 73

Der Weg zum wahren Glück

Vorbemerkung: Von Psalm 73 künden ist nicht leicht, spricht er doch im zweiten und dritten Teil Erfahrungen an, die den ZuhörerInnen meist wenig vertraut sind. Es ist daher unbedingt nötig, daß der/die Prediger/in für sich selbst einen Zugang zum Psalm findet. Andererseits hat Psalm 73 gerade in unserem Jahrhundert Menschen besonders stark angesprochen. *Martin Buber* hat diesen Psalm gesprochen bei der Grablegung *Franz Rosenzweigs*, in Erfüllung dessen letzten Willens. Für Buber selbst war Psalm 73 sein Lieblingspsalm bis zum Tod. Er ließ die Verse 23–24 auf seine Grabplatte schreiben.

Heute möchte ich mit Ihnen ein Stück geistigen Weges gehen auf einem Pfad, der wenig begangen wird. Leitspur für unseren Weg ist ein Gebet aus der Bibel, der Psalm 73, den wir eben als Lesung gehört haben. Dieser Psalm spricht an, weil er etwas vom Innersten menschlichen Erlebens freilegt und weil er durch seine ungeschminkten Gedanken und die Kraft seiner Bilder neue Dimensionen eröffnet. Die Gebetsworte lassen uns teilnehmen an einer Entwicklung, am Prozeß des Verstehen-Lernens wichtiger Lebenserfahrungen. Der Mensch, der hier betet, tritt nicht auf der Stelle, sondern beschreitet einen Weg, ist in Bewegung. Diesen Weg möchte ich mit Ihnen erzählend abschreiten und so teilnehmen an einem Verstehensprozeß des menschlichen Herzens.

Lauter Güte?

Eingangsportal des Wegs ist der Satz: „*Lauter Güte ist Gott zu Israel, für alle Menschen mit reinem Herzen.*“

Auffallend ist, daß es hier nicht um Güte zu einer individuellen Person geht, sondern um das Volk Israel. Im folgenden Abschnitt des Psalms wird offensichtlich, daß hier ein Mensch spricht, der in Not ist; vielleicht in der bitteren Not des Exils vor 2500 Jahren. In seinem persönlichen Leid hat sich das Leid seines Volkes Israel verdichtet. Auch unser Jahrhundert erneuert diese schwere Erfahrung: Der einzelne, der im Konzentrationslager litt, war nicht bloß als privater Herr Stern oder Frau Rotschild, nicht als Deutscher oder

Französin in diese Lager gezwungen, er und sie waren da als Jude, als Jüdin, weil sie zu diesem Volk gehörten; sie litten das unfaßbare Leid, das ihrem Volk angetan wurde.

„Lauter Güte ist Gott für Israel" ist ein Bekenntnis. In Notzeiten Israels lauert hinter diesem Satz die Frage: Warum geht es uns denn schlecht? Warum sind wir im Exil? Warum werden wir hingemordet in Konzentrationslagern? Manch einer mag aus der Tatsache, daß es Israel schlecht geht, den Schluß ziehen: Also ist Gott nicht gut zu Israel.

Menschen mit reinem Herzen

Wer erfährt Gottes Güte? „Alle Menschen mit reinem Herzen", sagt der Psalm. Hier wird nicht unterschieden zwischen Sündern und Nichtsündern, sondern die Trennlinie läuft zwischen Menschen mit reinem Herzen und solchen, die im Herzen unlauter sind. Das Herz ist in der Bibel der Inbegriff von Verstand und Willen. Mit dem Verstand und dem Willen entscheidet ein Mensch über seine Lebenshaltung. Das Herz entscheidet. Darum ist das „Herz" auch das beherrschende Wort dieses Psalms; sechsmal kehrt es wieder. Der Sünder, der sein Herz läutert, kann Gottes Güte erfahren. Aber der „Prahler", der Aufschneider, der „Gottlose", der nicht nach dem Willen Gottes fragt, der in der Unlauterkeit des Herzens willentlich beharrt, der tritt nicht durch das Eingangsportal auf den Weg geistlicher Erfahrung.

„Lauter Güte ist Gott zu Israel,
für alle Menschen mit reinem Herzen."

Dem Hochmut der Gottlosen...

Nach diesem Eingangsbekenntnis berichtet der Beter nun von seinen geistigen Wegen, die er gegangen ist. Er erzählt von seiner Eifersucht und seiner Seelenqual, die das Wohlleben der Prahler und Gottlosen in ihm heraufbeschworen hat. Die Erfahrung, daß die Gottlosen prahlen mit ihrem Glück, ihrer Gesundheit, mit Erfolg und Macht, irritiert ihn zutiefst und erschüttert radikal seinen Gottesglauben, mitten in seinem alltäglichen Leben. Was ihn besonders trifft, ist der gemeine Spott über das Bundesverhältnis von Gott und seinem Volk Israel: damit werden Treue, Gerechtigkeit und Solidarität verhöhnt. Zum anderen brüstet man sich hohnlachend mit der salonfähig gewordenen Meinung: Was kann denn Gott schon sehen? Was kann er denn schon machen? Und tatsächlich: Die äußeren Realitäten bestätigen scheinbar die selbstsichere Lebensweise der Prahler und Gottlosen, denn sie haben Macht und können sich alles erlauben.

Frage: Auf welcher Seite stehen wir? Kennen wir auch diese Qual des Vergleichens? Mit wem vergleichen wir uns? Nun setzt beim Beter eine innere Wandlung ein. Er sagt sich: Solches Vergleichen ziemt sich mir nicht, ist doch mein eigenes Herz nicht rein! Und er geht daran, sein Herz zu läutern. Er ringt um Wahrhaftigkeit und sucht den Erfahrungen auf den Grund zu gehen. Durch dieses Ringen der Seele gewinnt er eine höhere Lauterkeit. Aber umsonst! Das Fernhalten von Korruption, das Klären der Beziehungen, die Geradheit seines Handelns, kurz: die Läuterung seines Herzens hat scheinbar nichts erbracht. Die innere und äußere Plage dauert fort.

Das ist die Stunde der großen Versuchung. Verführerisch, betörend und hartnäckig springt sie ihn an: „Recht haben die Gottlosen!“ sagt ihm diese Stimme. „Du siehst es doch! Rede auch so und lebe auch so wie sie!“

... widerstehen

Er widersteht. Etwas ist in ihm, das ihn hindert, diesem Gott Israels den Abschied zu geben. Nun wechselt die Sprechrichtung: Bislang redete der Psalmist über Gott, von jetzt an redet er zu ihm. Und er wird sich bewußt: Ich kann nicht so reden wie die Prahler und Gottlosen, sonst „hätte ich an deinen Kindern Verrat geübt“. Die Erinnerung an die Leidensgeschichte meines Volkes, an Abraham und Sara, an Isaak und Rebekka, an Jakob und Rahel, an das leidende Israel in Ägypten, an die verspotteten und verzweifelten Propheten von Elija bis Jeremia, die Erinnerung an all diese Leiden mit Gott, dies darf ich nicht verraten und nicht verdrängen.

Unter der Hand wird ihm so die Erinnerung an die Leidensgeschichte seines Volkes zum Gedenken an Gott: das Eingedenken wird zum Gottesgedenken. Solch mitfühlendes Erinnern widersteht auch heute einer Vergeßlichkeit, in der Gott und der Mensch immer mehr abhanden kommen.

Erfahrung betender Gemeinde

Indessen, auch die gebetete Erinnerung und die Identifikation mit den Vätern und Müttern bringt nicht die Lösung. Der Weg ist steil und führt weiter. Nun aber tritt der Beter ein ins Heiligtum Gottes, da wird ihm eine neue Erkenntnis geschenkt. Heiligtum bedeutet im Wesentlichen Kult, d. h. gemeinsames Beten und Singen und Opfern und damit bisweilen auch konkret-leibhafte Gotteserfahrung in der Gemeinschaft. Die eigene, subjektive Stimmung begegnet im Heiligtum dem Lied und Sprache gewordenen Gotteszeugnis der Gemeinschaft. So kann Umkehr geschehen. Heiligtum meint zudem wohl nicht nur den Tempel in Jerusalem, sondern auch Gotteserfahrung, mystische Gottesnähe. Nur wer in Gottes Nähe kommt, begreift, was es mit dem Auftrumpfen der Gottlosen auf sich hat. Sie sind auf „schlüpfrigen Grund gestellt" und haben nicht wahrhaft Bestand. Damit verliert das Glück der Gottlosen seinen Stachel.

Aus der Verbitterung in Gottes Nähe

Nun geht der Weg weiter durch einen neuen Erkenntnisschritt. Selbstkritisch beleuchtet der Beter nun seinen eigenen Seelenzustand und bekennt, daß sein Herz verbittert war, daß sein ganzes Gefühlsleben vom Schmerz regiert war, und vor allem, daß er töricht und ohne Verstand wie ein Stück Vieh reagiert hat.

Dieser Selbsterkenntnis folgt eine einzigartige, überraschende Erfahrung. Trotz seines wenig ruhmreichen Zustandes wird ihm bewußt, daß er in Gottes Nähe ist:

„Und doch bin ich stets bei dir,
meine rechte Hand hast du erfaßt.
Mit deinem Rate leitest du mich,
und danach nimmst du mich in Ehren hinweg."

Wer mit lauterem Herzen dem Geheimnis Gottes naht, erfährt, daß er stets bei Gott ist. Das ist eine Offenbarung! Vom Menschen aus gibt es keine Stetigkeit, nur von Gott aus. In einer einfachen Gebärde wird dieses Gefühl der Nähe veranschaulicht: „Meine rechte Hand hast du erfaßt": Wie ein Vater oder eine Mutter im Dunkel den kleinen Sohn oder die kleine Tochter an der Hand nehmen, um das Kind zu führen und ihm in den Ängsten der Finsternis hautnah gegenwärtig zu machen, daß er als Vater, daß sie als Mutter stets bei ihm ist.

Diese Gegenwart schenkt Rat. Wer durch das „stets bin ich bei dir" aus dem Dunkel ins Licht geführt wurde, kann nun im Lichte wandeln. Gewiß, auch nach solcher Erfahrung muß man sich anstrengen; es gilt, selber voranzuschreiten und die Schritte aufs Ziel ausrichten; aber man wandelt im Licht der Gegenwart Gottes.

Weg in's Vertrauen

Das ist eine so wunderbare Erfahrung, daß diese neue Einsicht nicht nur das Leben ändert, sie wandelt auch die Perspektive des Todes. Der Tod wird nun zum Vorgang, in dem Gott, der stets Gegenwärtige, der an der Hand Fassende, der „Gute", ihn „hinwegnimmt".

„Und doch bin ich stets bei dir,
meine rechte Hand hast du erfaßt.
Mit deinem Rate leitest du mich,
und danach nimmst du mich in Ehren hinweg."

Gewiß, der Tod zerbricht Leib und Herz: also die Dynamik des Leibes und die Innerlichkeit des Menschen. Das Herz, das sich sehnt, das plant, in Illusionen sich verstrickt, das zustimmt oder verbittert aufbegehrt oder resigniert, das sich auch reinigen und lauter werden kann: dieses Herz vergeht. Aber:

„Auch wenn mein Leib
und mein Herz verschmachten,
Gott ist der Fels meines Herzens
und mein Anteil auf ewig."

Bestehen bleibt also „der Fels meines Herzens". Gott, der „Fels", schwindet nicht, denn er steht nicht in der Zeit, sondern in der Ewigkeit.

Noch ist der Erkenntnisweg nicht zu Ende. So wie er mit einem unübersehbaren Eingangsportal begann, so schließt er mit einem markanten Merkstein für die Zukunft:

„Gott nahe zu sein ist mein Glück.
Ich setze auf Gott mein Vertrauen.
Ich will all deine Taten verkünden."

Wer das Glück gefunden hat, der will, der muß davon künden. Damit wendet sich der Blick wieder zum Bekenntnis am Eingangsportal, nun aber gefüllt mit der ureigenen Erfahrung: Ihm, der Gott nahen darf, ist das Gute, das wahre Glück gegeben.

HEINZ GEIST

Psalm 80

Gott, richte uns wieder auf …

Gläubige Juden vor der Klagemauer in Jerusalem, ganz orthodoxe und andere, Männer und Frauen, Klagelieder und Gebete murmelnd, mit sanften Körperbewegungen – das ist das Bild, das in mir sofort emporsteigt, wenn ich den 80. Psalm höre – auch wenn die geschichtlichen Ereignisse, die dieser Psalm beklagt, noch einmal sieben- bis achthundert Jahre früher liegen als die Zerstörung des herodianischen Tempels durch die Römer, die man vor seinen Resten betrauert. Die Stimmung, die die jüdischen Menschen und Gruppen bewegt hat, wenn sie im Lauf ihrer so wechsel- und leidvollen Geschichte diesen Psalm gesungen haben, ist die gleiche. Und ich bin gewiß: Auch dieser Psalm ist zum wiederholtsten Male vor der Klagemauer in Jerusalem gebetet worden.

Der Weinstock Israel in der Bedrängnis

Ohne Mühe ist unter dem Bild vom „Weinstock" (V. 9) Israel selbst zu erkennen – in seiner bitteren Situation im Übergang vom achten zum siebten Jahrhundert vor Chr. Die Einheit des einst unter David und Salomo vereinigten Großreichs war zerbrochen, das Nordreich in die Hände der feindlichen Nachbarn gefallen. Von seiner imponierenden einstigen Größe – im Süden „bedeckt sein Schatten die Berge" des Sinai, im Norden „seine Zweige die Zedern Gottes" im Libanon, im Westen „trieb dieser Weinstock seine Ranken bis hin zum (Mittel)meer und seine Schößlinge bis zum Euphrat" im Osten (V. 11f) – ist wenig übriggeblieben.

Für die Stämme im Nordreich sind an die Stelle der täglichen Nahrungsaufnahme Tränen der Angst und Trauer getreten: „mit Tränenbrot" werden sie „gespeist" (V. 6). Zum „Spielball", zum Zankapfel „der Nachbarn" (V. 7) sind sie geworden. Die schützenden „Mauern" (V. 13), die sichernden und gesicherten Grenzen des „Gartens, den Jahwes Rechte selber gepflanzt hat" (V. 16), sind zerstört, so daß der „Eber" – als unreines Tier ein Bild für die heidnischen Völker – in diesem Weingarten „herumwühlt" und alles „zusammenfrißt" (V. 14): Eine lebensbedrohliche Situation auch für das Südreich. Man ist sich sehr wohl seiner Schuld bewußt, man weiß, daß man das „Zürnen" (V. 5) Gottes selber ausgelöst hat. Aber man fühlt sich von Jahwe im Stich gelassen und weiß doch: Es gibt keine andere Hilfe als jene von Jahwe, den die Vorfahren im Krieg als „Herrn der Heerscharen" (V. 4) angerufen hatten, dessen Gegenwart man als „Kerubenthroner" (V. 2) über der mitgeführten Bundeslade während des Herumziehens in der Wüste gespürt hatte, den man als „Hirten Israels" (V. 2) bei der Suche nach Land so hilfreich erfahren hatte. Er kann doch als „Weingärtner" seine eigene Pflanzung nicht im Stich lassen (V. 9)!

Die christliche Kirche in der Bedrängnis

Wenn die christliche Kirche sich als von Jesus „reformierten" Teil im Gottesvolk versteht, dann heißt das nicht, daß sie von solchen desolaten Zuständen verschont bliebe. Weil sie aus keinem anderen Holz geschnitzt ist als ihre jüdischen Brüder und Schwestern es sind, hat dieser Psalm auch Sitz in ihrem Leben und ihrer Geschichte.

Noch in diesem Jahrhundert konnte *Gertrud v. Le Fort* voll Stolz von der Kirche singen: „Du bist die Straße aller Straßen, auf dir zieh'n die Jahrtausende zu Gott." Wir wissen um Zustand und Image der Kirche in unseren Tagen: Wie die Menschen sich von ihr abwenden, wie sie ihre bislang einflußreiche Rolle – mehrheitlich zugunsten und nicht zuungunsten des Menschen! – mehr und mehr verliert; wie jeder an ihr herumkritisiert, selbst der, der gar nichts von ihr weiß und versteht; wie die Medien oft über sie herfallen und gleich dem Eber und den wilden Tieren nichts Gutes an ihr zu lassen scheinen. Wir wissen aber auch darum, daß wir kirchlichen Leute daran so unschuldig nicht sind.

In einem Jahrhundert medialer Schnellinformation und der Gleichzeitigkeit allen Erlebens auf dem ganzen Erdball spüren wir erst, welch einen Skandal die Uneinigkeit der christlichen Kirchen darstellt. Wir sehen die Spaltung in den eigenen Reihen, deren Übel nicht eine gewisse Pluralität der Ansichten ist, sondern das gegenseitige Sichabsprechen der Gültigkeit mehrerer und verschiedener Stand- und Gesichtspunkte christlichen Glaubens und Lebens in einer so vielschichtigen Welt. Wir erleben manchesmal bedauernd und manchesmal verständnislos, wie das Denken und Fühlen der Menschen und die Überzeugung und die Ratschläge der Kirche immer mehr wie eine Schere auseinandergehen. Wir erleben die schiere Unüberbrückbarkeit der Kluft, die sich auftut zwischen der Angst und Sorge so mancher Verantwortlicher oben und den Erfahrungen und Mühen vieler unten. Dem „Weinstock“ Kirche geht es kaum anders als damals und so oft Israel!

Der Psalm - eine Hilfe in der Not

Was tun in dieser Situation? - ist die Frage damals wie heute. Der Psalm fordert gerade nicht zu einem Aktionsprogramm auf, zu einer bestimmten, wenn auch noch so richtigen Politik. Er ist bittende Klage und fordert zur klagenden Bitte auf. Das heißt doch: Man muß sich die Not der Kirche zuallererst zu Herzen gehen lassen, weil man zu ihr gehört und nicht ihr gegenübersteht. Der Psalm redet nicht von anderen in Israel, denn die Beter schließen sich mit ein. Sie wissen sich mitschuldig und sie leiden mit. Und sie bringen ihre Klage vor Gott. Dabei geht es nicht um ein magisch verstandenes Beten, erst recht nicht um eine bloße Flucht ins Gebet. In einem dreimaligen, in der Anrede sich steigernden, geradezu beschwörenden Ruf zu Gott begibt man sich in seine Nähe: „Gott“ - „Gott der Heerscharen“ - „Jahwe, Gott der Heerscharen, richte uns wieder auf. Laß dein Angesicht leuchten, dann ist uns geholfen“ (VV. 4.8.20). Unter solchem Gebet erst beginnt vielleicht unsere Veränderung, erkennen wir unsere Schuld, fragen wir neu nach dem Willen Gottes für die heutige Kirche, werden wir uns wieder unserer alten Erfahrungen mit ihm, unserer Ursprünge und Anfänge bewußt und erkennen dann, was wir zu tun haben.

Seit dem Jahr 70 n. Chr., dem Jahr der Zerstörung des herodianischen Tempels durch Titus, haben die Juden immer wieder und mit allen Mitteln darum gekämpft, an der verbliebenen Westmauer des Tempels beten zu dürfen. Denn seit alters war man davon überzeugt, daß die „Schechina“, die heilige Wolke der Gegenwart Jahwes, nie mehr von dieser Mauer gewichen ist. Und darum ist man davon überzeugt, vor dieser Mauer nicht in den Wind zu beten. Sollte uns Christen solcher Glaube fehlen?

HELGA KOHLER-SPIEGEL

Psalm 85

„Hören will ich, was ER redet ...“ – Ein Ohr für die Sehnsucht

„Einst, da war Gott auf unserer Seite, das Land war begnadet, das Unglück hatte sich gewandelt. Und heute? DU, Gott unserer Freiheit, unseres Heils, bitte, richte uns auf, bitte, belebe uns! Kraft brauchen wir und Hoffnung und Freiheit – und Vergebung. Wenn dein Groll kein Ende nimmt, werden wir keine Zukunft in Frieden haben!“

Der Schrei und die Hoffnung des Volkes damals

So oder ähnlich schrie das Volk Israel, klagte es, bei gemeinsamen Volkstrauertagen, bei Klagefeiern und gemeinsamen Fasttagen, durch Notsituationen veranlaßt. Nach der Zerstörung Jerusalems 587 v. Chr. war die gesamte Hoffnung ausgerichtet auf die Rückkehr aus der babylonischen Verbannung, auf das Ende des Exils und der Vertreibung. Dann, als das Edikt des Kyrus 538 v. Chr. tatsächlich die Wende brachte und alle Gebete erhört schienen, war alles ganz anders. Heimkommen in das begnadete Land war mühsam, schwierig ... Das Wiederaufleben im gelobten Land und die nachexilischen Nöte bilden den Hintergrund dieses Volksklageliedes; mehr an historischer Einordnung läßt sich vom Text her nicht sagen.

Drei Teile bestimmen den Aufbau dieses Psalms: Dem Dank für das Ende des babylonischen Exils (VV. 2–4) folgen neue Bitten um Abwendung des Zornes Gottes und um neuerliche Hilfe. Die Situation des Volkes und des Landes bleibt ambivalent. Der Kern des Psalms (VV. 5–8) faßt die gegenwärtige Not in klagende und bittende Worte. Der tröstende Zuspruch (VV. 9–14) ist die Antwort Gottes auf die Bitte des Volkes. Diese Hoffnungsverse sind als prophetisches Heilsorakel formuliert, das wohl im Rahmen des öffentlichen Bußgottesdienstes vom Priester übernommen und dem Volk verkündet wurde.

Klagen und solidarisch sein

Das Volk klagt. Klagen kann nur, wer sein Leid einem Gegenüber, einem DU sagen kann, wer sich angenommen und verstanden fühlt. Klagen - nicht zu verwechseln mit Jammern - setzt Beziehung voraus. Wer vor jemandem klagt, der ihn nicht wertschätzt, macht sich lächerlich. Die Klage redet von der Not, in der Hoffnung und mit dem Vertrauen, daß diese Not gehört wird. So beten heißt, vorbehaltlos zu sprechen, alles sagen zu dürfen, von der Angst und von der Sehnsucht zu reden, vom eigenen Leben zwischen Realität und Hoffnung, zwischen verzweifeltem Schrei und Verheißung. Klagen setzt sich im Anklagen fort, das Volk klagt sich seiner Schuld an. Es klagt zugleich die Nähe und die Vergebung Gottes ein.

Das Volk gemeinsam wendet sich Gott zu, in der Gewißheit der Treue Gottes. Die Betenden sagen „wir", sie sind solidarisch in der Schuld, solidarisch in der Bitte um die neuerliche Vergebung Gottes ohne Grund und ohne Leistung seitens der Menschen. Die eigene Schuld und die Schuld der Väter beklagend, ist Israel solidarisch in der gemeinsamen Vergangenheit und der Gegenwart. Nur so besteht die Chance auf eine gemeinsame Zukunft. Wie könnte deutlicher der Versuchung eine Absage erteilt werden, einzelne Menschen und Menschengruppen auszustoßen, sie zu Sündenböcken zu machen und ihnen die Schuld an der Geschichte, an den Entwicklungen und an den Fehlern anzulasten. Solidarisch in der gemeinsamen Verantwortung spricht Gott das ganze Volk frei von Schuld, ohne Ausnahme, alle Sünden sind zugedeckt, die Schuld vergeben (V. 3).

50 Jahre nach dem Ende des Krieges können wir über dieses Volk nur staunen, das gemeinsam von seiner Schuld spricht, von der Notwendigkeit zur Vergebung für alle - ohne Einschränkung, ohne Entschuldigungen, ohne Relativierungen, daß es auch gute Menschen gab, daß nicht alle Mitläufer und Täter waren ... Israel weiß um die Verbindung aller in der Schuld und in der Hoffnung, Israel weiß um Gottes Zuwendung für alle - einst und jetzt.

Wenn Träume wahr werden ...
Die Enttäuschung der Rückkehr

Endlich hatte das Volk erreicht, worum es so lange gebetet hatte - das Ende der Vertreibung, die Rückkehr! Voll Hoffnung erwarteten die Menschen, daß nun alles anders werde. Und dann? Die Rückkehr allein macht die Welt noch nicht voll von Frieden und Gerechtigkeit, noch wohnt die „Herrlichkeit Gottes" nicht in seinem (und unserem) Land. Der Alltag ist nicht sorgenlos und friedvoll, es gibt weiterhin Feindbilder, Konflikte und Schwierigkeiten. Noch immer hat das Volk nicht genug aus der Geschichte gelernt, noch immer keine heile Welt, noch immer: „DU, Gott! Bitte!!" Der Freude und der Gnade der Heimkehr aus der Gefangenschaft, von den Propheten erwartet als der Anbruch der Heilszeit, folgt die Bitte an Gott um neuerliche Hilfe. Ohne Titel, ohne Betonung seiner Größe wenden sich die Betenden an ihren Gott. „DU – unser Retter, du unsere Freiheit – belebe uns!" (V. 5.7)

Das Volk bittet um Leben, um Freude, um Huld, um Freiheit und Heil. Was bereits erhofft war für die Rückkehr nach Israel, fehlt noch immer. Israel war glücklich über die veränderten politischen Verhältnisse, über die Heimkehr; doch bald schon machen sich Entmutigung, Lähmung und Resignation breit. Zurückgekehrt, können sie doch nicht neu anfangen; wiederbelebt, sind sie doch gelähmt; im gelobten Land, leben sie doch in Ungerechtigkeit und Angst.

Wenn ich hören will …
Die Botschaft der Hoffnung und des Friedens

Gott antwortet dem Klagen und der Bitte Israels. Das Wort ergeht an denjenigen, der hören will, aufmerksam und mit aller Konzentration. In der Erinnerung an die Schuld des Volkes und an die Erwählung, an Gutes und an Mißlungenes, einst und jetzt, richten sich Dank, Klage und Bitte an Gott. Erst dann ist hörbar, was ER redet: Das begnadete Land ist ein Land, in dem Gott selbst wohnt. Wo Gott wohnt, da ist Begegnung, sagt der Psalm, da ist Liebe, da ist Wachstum und Leben. Oder umgekehrt: Wo einander Huld, Freiheit und Treue begegnen, wo Gerechtigkeit und Friede sich küssen, da wohnt Gott.

Nur, hören müssen wir, wovon Gott redet. Nicht die Worte von Gewalt und Verlogenheit, von Angst und Mißtrauen, sondern „Frieden verkündet der Herr seinem Volk" (V. 9b). „Frieden" lautet die Botschaft am Beginn des Weges Jesu, im Stall zu Betlehem. „Friede euch" verkündet Jesus, der Auferstandene. „Frieden" verkündet ER, der die Liebe ist und dessen Liebe stärker ist als der Tod.

„Lange haben wir das Lauschen verlernt!
(...)
Wenn wir auch auf einer Straße schreiten,
Darunter die Erde zum Schweigen gebracht wurde
Von einem Pflaster,
Verkaufen dürfen wir nicht unser Ohr,
O, nicht unser Ohr dürfen wir verkaufen.
(...)"
Nelly Sachs

Im Psalm kann das Ich hören, weil die Klage eine Richtung hat, weil sie gerichtet ist an das DU, das Rettung und Freiheit bedeutet. Die Klage in der Not bewahrt auch - vielleicht ganz leise - die Gewißheit einer Zukunft, die Frieden heißt.

Den Frieden tun

Nicht nur die enttäuschte Hoffnung, die enttäuschten Träume über die Rückkehr, sondern die Sehnsucht nach wirklicher Veränderung, nach dem Schalom Gottes bringt der Psalm zur Sprache. Der Psalm bewahrt die Hoffnung in der Erinnerung, er bewahrt die Sehnsucht, daß wir nicht zufrieden sind mit der Welt, solange sich Frieden und Gerechtigkeit nicht küssen. Die Erinnerung an die ersehnte Zukunft voll Leben geht zurück in die Zeit des Abraham und des Jakob, des Mose und des Volkes auf dem Weg ins gelobte Land. Mit der Kraft dieser Verheißung lebten Jesus („Ich bin gekommen, damit sie das Leben haben und es in Fülle haben", Joh 10,10b) und die ersten christlichen Gemeinden. Wo Gottes Freiheit, Treue, Huld, Wahrhaftigkeit und Gerechtigkeit wohnen, einander begegnen und sich küssen, wo dies von den Menschen gelebt wird, da ist der Schalom Gottes, das Leben in Fülle. Wo Menschen so leben, da sind das Land und seine Menschen begnadet.

ULRICH LÜKE

Psalm 88

Der Gott der Finsternis

Das unterschlagene und überschlagene Gebet

Manchmal entdeckt man bei Menschen, die zeitlebens wenig um ihren Glauben gegeben haben, daß sie in der letzten Lebensphase zu beten beginnen. Und manche, die im Alter einsam geworden sind, versuchen ihre leer gewordene Zeit zu füllen und zu gestalten durch den auch werktäglichen Weg zum Gottesdienst.

„Im Alter kommt der Psalter“, sagt da ein wenig hämisch ein deutsches Sprichwort. Die Alten sollen sich mal ruhig mit dem Beten trösten. *„Im Alter kommt der Psalter.“* Ja, wenn das so einfach wäre. Und wenn der Psalter kommt, dann ist immer noch nicht ausgemacht, welcher es dann ist. Was ist, wenn im Alter nur noch der Psalm aus dem Psalter drankommt, der endet mit den Gott anklagenden Worten:

„Du hast mir die Freunde und Gefährten entfremdet;
mein Vertrauter ist nur noch die Finsternis.“

„Gebet aus tiefster Not“, so ist dieser 88. Psalm in der Einheitsübersetzung überschrieben. Und wirklich, er verdient diese Überschrift; denn ein Abgrund des Leids und der Gottferne tut sich in ihm auf. Wer diesen Psalm im Gebetbuch der deutschen Diözesen, im „Gotteslob“ sucht, sucht vergebens; dort fehlt er. Aber warum?

Einmal aufmerksam geworden, habe ich in einem halben Dutzend alter evangelischer wie katholischer Gebetbücher geblättert und diesen Psalm nicht gefunden. Ist er zu düster, als daß man ihn Betern unserer Tage zumuten möchte? Aber gibt es sie nicht auch und gerade in unserer Wohlstandsgesellschaft, die Beter, die sich in einem ähnlichen Abgrund des Leids und der Gottferne fühlen? Wird ihnen nicht ein Gebet unterschlagen, in dem sie sich und Gott wiederfinden, ein Gebet, das ihr Gebet sein oder werden könnte, ihr *„Gebet aus tiefster Not“*?

Gottlob steht dieser Psalm aber im „Stundenbuch“ als verpflichtendes Gebet für alle Priester. So werden wenigstens einige Seelsorger mit dieser Art Sorge der Seele konfrontiert. Und wer weiß, vielleicht ist manch einem Seelsorger dies Gebet aus tiefster Not selbst nicht nur zum letzt-, sondern zum einzigmöglichen geworden.

Gott anschreien

Dieser Psalm tröstet den, der im Elend und am Ende ist, nicht mit einem lichtvollen Ausblick auf ein himmlisches Jenseits. Am Horizont menschlicher Existenz taucht hier allenfalls noch ein Schattenreich auf, ein Land des Vergessens.

„Wirst du an den Toten Wunder tun,
werden Schatten aufstehen, um dich zu preisen? (...)
Werden deine Wunder in der Finsternis bekannt,
deine Gerechtigkeit im Land des Vergessens?“ (VV. 11.13).

Da steht kein Paradies, kein Schlaraffenland, kein Himmel als Angebot im Sortiment der Jenseitserwartung, sondern nur ein Schattendasein in der Vergessenheit, ja sogar der Gottvergessenheit und Gottferne:

„Ich bin zu den Toten hinweggerafft,
wie Erschlagene, die im Grabe ruhen;
an sie denkst du nicht mehr,
denn sie sind deiner Hand entzogen“ (V. 6).

Kann man sich die existentielle Perspektive noch dunkler denken? Ja, man kann, und der Psalm 88 läßt auch diese Finsternis, diese existentielle Verdunkelung nicht aus. Er denkt sich nämlich nicht nur einen machtlosen Gott, der selbst betroffen mit ansehen muß, wie der Mensch sterbend in die Vergessenheit des Schattendaseins eintaucht. Der Psalm macht Gott selbst verantwortlich:

„Du hast mich ins tiefste Grab gebracht,
tief hinab in finstere Nacht“ (V. 7).
„Die Freunde hast du mir entfremdet,
mich ihrem Abscheu ausgesetzt...“ (V. 9).

Und nicht genug damit, daß das Ende dieses Menschen gezeichnet ist von einem Gottesschrecken; die überall einsickernde, alles durchtränkende Hoffnungslosigkeit vergiftet dieses Leben offenbar von Anfang an:

„Gebeugt bin ich und todkrank von früher Jugend an,
deine Schrecken lasten auf mir, und ich bin zerquält“ (V. 16).

Soll man so etwas noch Gebet nennen? Ist es nicht völlig in Ordnung, so etwas dem Benutzer des „Gotteslob“ vorzuenthalten? Man kann doch den schwächlichen Gott wohl kaum loben, der den Sturz des Menschen in die Verzweiflung nur macht- und tatenlos geschehen lassen muß. Um wieviel weniger verdient dann der Gott Lob, der nicht nur geschehen lassen muß, sondern geschehen lassen will, ja vielleicht sogar geschehen macht?

Dennoch: Der Gott meines Heils

Nun ist es gewiß gut, daß nicht alle Psalmen so sind wie dieser; aber es ist nicht weniger gut, daß wenigstens ein Psalm, daß wenigstens dieser Psalm so ist, wie er ist. Aber was ist daran noch Gebet? – Alles!

Manch einer singt vor Gott; manch einer spricht zu Gott; manch einer ruft Gott aus tiefem Herzen an. Hier ruft ein Mensch nicht Gott an, hier schreit er Gott an, angstvoll, anklagend, zutiefst verstört und verzweifelt.

„Herr, du Gott meines Heils,
zu dir schreie ich am Tag und bei Nacht“ (V. 2).

Mag dem Beter des 88. Psalms alles genommen sein, dies eine jedenfalls hat er noch: Er hat noch einen Adressaten für seine Verzweiflung. Er schreit nicht ins Nichts, er schreit zu jemandem, er schreit jemanden an, er schreit nach jemandem um Hilfe aus tiefster Not. Und diesen Jemand nennt er am Anfang seines Gebetes *„Herr, du Gott meines Heils“.*

Wo eine letzte Klage herausgeschrien wird, da ist auch noch die Ahnung von einer letzten Recht schaffenden Appellationsinstanz. Wo der tiefe Schlagschatten des Unheils umrissen und benannt wird, da ist noch eine Ahnung von der Lichtfülle des Heils gegenwärtig.

Wie ein Ertrinkender im Zugrundegehen, wider alle Hoffnung und ganz unten Grund unter sich verspüren, sich von dort abstoßen und die rettende Wasseroberfläche erreichen kann, so mag es dem Beter dieses Psalms ergehen.

„Nachtherberge für die Wegwunden"

Die jüdische Dichterin *Nelly Sachs,* die selber eine große innere Nähe zur Welt der Psalmen gehabt hat, schrieb über König David, dem ja einige Psalmen zugeschrieben werden:

„Aber im Mannesjahr
maß er, ein Vater der Dichter,
in Verzweiflung
die Entfernung zu Gott aus,
und baute der Psalmen Nachtherbergen
für die Wegwunden."

So eine *„Nachtherberge für die Wegwunden"* kann auch dieser Psalm sein. Er bietet dem von Hoffnungslosigkeit Umnachteten, dem am Lebensweg fast schon endgültig Gescheiterten eine Herberge, eine vorübergehende Bleibe, um wider Erwarten Kraft zu schöpfen.

Und gerade als *„Nachtherberge für die Wegwunden"* ist der Psalm zugleich Hinweis auf den Tag jenseits aller Nacht. Als vorübergehende Herberge ist er Hinweis auf ein endgültiges Haus bei Gott. Und indem der Psalm die Wegwunden zu Worte kommen läßt, läßt er jenseits aller Verwundungen des Wegs auch die Vollendung des Wegs im Ziel und das Heilsein bei Gott erahnen.

RAINER RUSS

Psalm 90,12

„Unsere Tage zu zählen, lehre uns!"

Soll man am Silvesterabend die Vergänglichkeit alles Irdischen beweinen? Ist der Jahresschluß die große Abrechnung mit der Vergangenheit? Und morgen wird unter einem säuberlich geputzten Titel weitergeschrieben, als ob nichts gewesen sei? Ein altes Jahr mit einem Gedanken an die Ewigkeit zu beschließen, kann so falsch nicht sein. Doch manches „große" Gefühl erweist sich als religiöser Irrtum. Nüchtern betrachtet: Auch wer Tage und Jahre zählt und ein unsagbar kurzes Leben beklagt: Wir reden jetzt zu Gott, unserem Vater, der uns mit seinem Erbarmen zugetan ist und der keinen aus seiner Zuwendung entläßt, die er zugesichert hat. Wenn ich schon zu zählen beginne, dann die Tage, die ich in der Gemeinschaft mit diesem Gott zugebracht habe und in der Gemeinschaft der Gläubigen, zu der mich Gott berufen hat. Unter dieser Voraussetzung spreche ich heute auch die folgenden Worte aus dem Psalm 90:

Unsere Tage zu zählen, lehre uns!

Was sich am leichtesten zählen läßt, ist der Besitz. Der Israelit hat Schafe und Rinder gezählt wie sein Ahnherr Abraham. Dann hat er gewußt, ob er ein reicher Mann ist. Der Kornbauer im Gleichnis (Lk 12,16–21) zählt seinen Ernteertrag. Aber reich ist er nur eine Nacht lang gewesen. Die Evangelisten pflegen ebenfalls zu zählen. Die wunderbare Speisung am Rand der Wüste haben fünftausend Männer mit ihren Familien erlebt (Mk 6,44). Und nach der Pfingstpredigt des Petrus lassen sich dreitausend Leute taufen (Apg 2,41).

Auch Jesus zählt. Weil der Hirt nur noch 99 Schafe hat, läßt er die Herde allein weitergrasen und geht dem einen verlorenen nach (Lk 15,4). Auf die Weise Jesu müßte seine Gemeinde immer zählen: die Menge besagt nichts; bei Gott hat jeder einzelne unendlichen Wert. Auch läßt sich das eine verlorene Schaf nicht gegen neunundneunzig andere Tiere aufwiegen, die schön brav bei der Herde geblieben sind. Menschen können natürlich schon aufrechnen, weil sie in der

Angst um den Besitz der Neunundneunzig erst gar nicht loszögen, um das Hundertste zu suchen! Ein Prozent Verlust: Das ist doch recht erträglich! Bei Barzahlung räumt der Handwerker sogar zwei oder drei Prozent Skonto ein. Er ist glücklich, wenn er anstelle von 100 noch 98 oder 97 bekommt, und das dann möglichst schnell. Doch trifft das Beispiel der Neunundneunzig nicht mehr unsere Situation; wir sehen vielleicht noch zehn oder neun Prozent unserer Gemeinde beim Gottesdienst oder noch weniger. Wo sind die anderen geblieben? Der Befund ist nicht leicht zu beurteilen; wir dürfen nicht sagen, sie seien verloren.

Was kommt nun unter dem Strich zusammen, wenn ich meine Tage zähle? Gibt es da auch Rabatt? Den Sonntag vielleicht als Dreingabe? Oder gehören zu einem langen Wochenende jene Tage, die vor Gott nicht zählen? Die verflossenen Tage kann ich zählen; diese habe ich mit meinem Leben bezahlt. Vielleicht läßt sich die wirklich gute Zeit nur mühsam herausfinden? Und welches sind nun die unnützen Tage? Die ohne Arbeit? Oder die ohne Vergnügen? Die kranken? Oder die gesunden? Wenn wir beim Zählen zu unterscheiden lernen:

Dann gewinnen wir ein weises Herz

Ich zweifle daran, daß die kranken und die bösen Tage, die Zeiten voller Leid und Beschwernis, die Tage in Schmerz und Leiden, in Angst und innerer Not unnütz gewesen sein könnten. Im Nachhinein, wenn die Bitternis verflogen ist, wenn sich das Leid abgeklärt hat, wenn die zugefügten Demütigungen nicht mehr wie offene Wunden brennen, wenn die emotionale einer nüchternen Betrachtungsweise gewichen ist, bekommen die Dinge ein anderes Gewicht. Allerdings: Das schwer zu Ertragende wiegt dann noch schwerer. Es kostet ja auch mehr Arbeit: Trauerarbeit. Es kostet die Zeit des Lebens und alle Kräfte der Seele, das erlittene Böse aufzuarbeiten. Öfter bleibt dann noch ein großer Bodensatz an Unverdautem übrig.

Viele, die heute auf den Grund ihrer Seele hinabsteigen, um dort Inventur zu machen, können erfreuliche Überraschungen erleben. Sie sind im Laufe ihrer Tage um viele Erfahrungen reicher geworden. Die sind ihnen nicht einfach geschenkt worden. Es sind auch teure Erfahrungen dabei; wer möchte sie missen? Oft sind die traurigen die wertvolleren: Die mit Tränen säen, werden mit Jubel ernten (Ps 126,5). Das sind dann aber auch jene Erfahrungen, die ich anderen nicht weitergeben kann. Tragfähige Erfahrungen muß man selber sammeln, weil sich nämlich die Lernprozesse, die zu neuen Einsichten führen, nicht umgehen oder abkürzen oder gar ersetzen lassen. Auch wer den Jahresschluß zu einer Bestandsaufnahme nutzt: zu ernten gibt es nichts. Keiner wird gerufen heute: Gib Rechenschaft über deine Verwaltung (Lk 16,2)! Doch wie lange läuft die Frist? Die Uhr tickt weiter. Eines Tages ist sie unweigerlich abgelaufen. Der Weise weiß das zu bedenken.

Es gibt zahllose Menschen, deren Zeit früh zu Ende gegangen ist. Gottes „unerforschlicher" Ratschluß habe es so gefügt, pflegen die Leute zu sagen. Manche schreiben das auch noch in die Zeitung. Wenn wir die Tage der Jungverstorbenen zählen, können wir auch zu anderen Ergebnissen kommen: Ihr Leben ist zu kurz gewesen und der Tag ihres Todes sinnlos. Die Menschen sind bestohlen worden: im letzten Krieg von einer verbrecherischen Regierung, auf der Straße von rücksichtslosen Verkehrsteilnehmern. Sie haben die ihnen von Gott zugemessene Zeit nicht leben dürfen. Ein solches Defizit können wir nicht dem „lieben" Gott anlasten. Auch wenn uns gerade fromme Leute immer wieder versichern, Gott habe es „gefallen", einen Menschen zu sich zu rufen, etwa das Opfer eines Unfalls: Ich glaube daran nicht. Gott hat keinen Gefallen an den Opfern des letzten Krieges, der Judenverfolgung, des Straßenverkehrs, der völlig sinnlos geführten Kriege unserer Tage. Ein wirklich weise Gewordener muß sich nicht unbedingt in sinnlose Schicksale fügen; er wird über die Toten klagen. Die große Sprache unseres Psalms und die faszinierende Kraft seiner Bilder legen die Versuchung nahe, in einer resignativen Betrachtungsweise zu verharren. Der Text schließt aber nicht mit dem Blick auf jene Menschen, die das Ende des Lebens betrachten und darüber weise werden, sondern mit einer Bitte an den Gott des Lebens:

Wende dich uns doch endlich zu!

Dieser letzte Abschnitt ist in vielen Klageliedern Israels zu finden, in unseren eigenen Klagen nicht; in Israel folgen auf Klage stets Bitte und Dank. Ist dem Beter auch noch nicht Hilfe geworden: er weiß, daß es sie gibt. Deshalb sagt er Dank, wie wenn er Hilfe bereits gefunden hätte, denn am Eingreifen des Gottes Israels zweifelt er nicht. Das Volk hat seine religiösen Erfahrungen weitergegeben. Deshalb wird auch der kleine Mann, der auf tausend Jahre israelitischer Geschichte zurückblickt, nicht leer ausgehen. Der Psalm des unbekannten Beters läßt darauf schließen, daß dieser bereits weise geworden ist. Wir dagegen müssen Weisheit erst erbitten. Der Weise unseres Psalms hat seine Tage schon gezählt, und dies unter dem Blickwinkel der Ewigkeit. Dann endet er mit einem feierlichen Gebetsruf: Wende dich uns doch endlich zu! Solche Bitte wird nicht vergeblich sein.

Wenn Sie den Wortlaut des Psalms aufmerksam verfolgen, wird Ihnen auffallen: Diesen Text spricht nicht ein einzelner. Vielleicht nur einer erhebt laut seine Stimme. Doch ist sein Wort „abgedeckt" durch das Beten der ganzen Gemeinde. Von seinem persönlichen Schicksal spricht der Beter nicht. Er spricht für die Brüder und Schwestern, die auch nicht anders reden können als er selber. Sie bekennen, Gott habe sich als ihre Zuflucht bewährt und habe ihnen geholfen. Alle leiden sie unter dem unausweichlichen Todesschicksal. Um so mehr bitten sie um die Gnade der Zukunft. Ich habe nicht den Eindruck, daß diese Worte (nur) von der Not des Augenblicks reden. Das ist die Last langer Beugung und bitterer Erfahrung, ein hartes Schicksal, das eine ganze Gemeinde getroffen hat, und das über Jahre hin. Trotzdem bleiben die Leute an ihrem Gott hängen. Sie ergehen sich nicht in einem allgemeinen Lamento. Ihre Klage ist immer Rede vor Gott.

Eben auf eine solche Weise muß auch die christliche Gemeinde zu beten lernen: in ihren ureigensten Anliegen, weit über alle persönlichen Sorgen hinaus. Darf ich behaupten, Christen seien solches Beten nicht gewohnt? Deshalb meine Bitte heute: Tragen Sie wenigstens an diesem Abend die Anliegen der ganzen Gemeinde vor Gott! Blicken Sie über die eigenen Probleme hinaus und betrachten Sie das Schicksal des Volkes Gottes in diesen Tagen! Und dann beginnen Sie miteinander zu beten, wie schon das alte Israel gesprochen hat:

Gott, du bist schon immer unsere Zuflucht gewesen. Du bist unser Schöpfer von Ewigkeit her. Tausend Jahre sind vor dir wie ein Tag. Wir wissen um unsere Schuld und wir kennen deinen richtenden Widerstand gegen die Sünde, auch gegen unsere Sünde. Du wirst immer sein, wir aber vergehen; unsere Tage können wir zählen. Doch nun habe Mitleid mit uns! Schenke uns im Neuen Jahr die Freude deiner Gegenwart, die Erfahrung deines mächtigen Wirkens. Was auch jeder einzelne von dir zu erbitten hat: Höre aus unserem Beten heute die Not deiner Gemeinde!

HUBERT RÜENAUVER

Psalm 95

Gott loben

Das Innere zeigt sich im Äußeren

Gibt es nicht einen Zusammenhang zwischen dem Gesichtsausdruck, der körperlichen Haltung, den Gesten eines Menschen und seinem Denken, seiner seelischen Verfaßtheit, seinem Gefühlszustand? Gibt es nicht eine Verbindung, eine Entsprechung zwischen innen und außen? Können wir nicht bei anderen ablesen, wie es um ihr Inneres, ihr Denken und Fühlen bestellt ist, wenn wir uns ihr Äußeres anschauen – und umgekehrt: andere können es bei mir ablesen? Spiegelt unser Äußeres nicht sehr oft unser Inneres wider?

Sehr wahrscheinlich ist es uns allen schon häufig so ergangen: Wir begegnen einem/einer Bekannten und merken sofort am Blick, an den Bewegungen, an der Körperhaltung, wie es um ihn, um sie steht, was ihn oder sie innerlich bewegt. Wir treffen jemanden auf der Straße, den oder die wir gestern noch getroffen haben, da aber ganz anders aussah, ganz anders sprach, ganz anders schaute, ganz anders vor uns stand. Wir kommen, z. B. abends nach der Arbeit, nach Hause und merken auf den ersten Blick, daß der Ehepartner, die Ehepartnerin, die Kinder etwas bewegt, was bei unserer letzten Begegnung noch nicht da war. – Wir sehen es einfach! Ich werde von jemandem angesprochen – obwohl ich (noch) kein Wort gesagt habe – „Dir scheint es ja richtig gut zu gehen! – Oder: „Bedrückt dich was?“ – Oder: „Na, du bist ja voll drauf!“ …

„Unser Äußeres verrät unser Inneres, unser Innerstes“ – das sagen wir schon fast sprichwörtlich. Alle möglichen inneren Gefühlsregungen, Stimmungslagen und Verfaßtheiten scheinen nach außen hin durch, erhalten außen ein Gesicht: Sich freuen und traurig sein, sich ärgern und zufrieden sein, an etwas leiden und glücklich sein, Überforderung und Streß, Ausgeglichenheit und Zerrissenheit, Sorgen und Enttäuschungen … Wohlsein und Unwohlsein – das alles zeigt sich außen, im Äußeren.

Und daß es so ist, ist gut so. Es ist gut, daß ich mit meinem Äußeren nur schwer meine innere (Seelen-) Lage verbergen und verstecken kann. Denn wer das Innere nicht nach außen lassen will oder kann, wer es für sich behält, versteckt, in sich hineinfrißt, steht in der Gefahr, krank zu werden, von dem „Hineingefressenen" zerfressen zu werden.

Je besser wir einen Menschen kennen, um so leichter, schneller und sicherer gelingt es uns, sein Inneres in seinem Äußeren zu entdecken und zu erkennen. – Allerdings: Manchmal sehen wir darüber weg; manchmal wollen wir nicht wahrnehmen; manchmal verdrängen wir, was wir sehen; manchmal sagen wir nur „Wie geht's" und gehen nicht auf das ein, was wir sehen, um möglichst schnell weitergehen zu können ...

IHM zujubeln und zujauchzen

Zu Beginn des Psalms 95 fordert der Beter (die Beterin) die Gemeinde zu körperlichen, gestikulierenden, sichtbaren und hörbaren Äußerungen auf. Diese Äußerungen haben noch nichts – oder zumindest nicht in erster Linie – zu tun mit Sprache und Worten. Aber diese Äußerungen haben ihren Grund – anders gesagt: diese Äußerungen haben ihre Entsprechung im Inneren derer, die sich so äußern (sollen).

„Kommt, laßt uns jubeln vor dem Herrn
und zujauchzen dem Fels unseres Heiles!
Laßt uns mit Lob seinem Angesicht nahen,
vor ihm jauchzen mit Liedern! ..." (V. 1–2).

„Jubeln" – „zujauchzen" – „loben" – „jauchzen". Viermal werden hier Tätigkeiten (Tätigkeitswörter) genannt, die wir uns nicht nur akustisch vorstellen dürfen, sondern die wir geradezu augenfällig wahrnehmen: Lachen und Rufen, Tanzen und Hochrecken der Arme, Umarmungen und Händeklatschen, ein wirbelndes Durch- und Miteinander – auf jeden Fall alles das nicht, was wir üblicherweise unter „frommer Haltung" verstehen. Bei solchem Jubeln und Jauchzen verstehen die Menschen ihr eigenes Wort nicht mehr. Und das ist auch gar nicht schlimm. Wenn sich nur in dieser „Unordnung" das ausdrückt, was jede/n dieser Jubelnden, Jauchzenden, Lobenden im Innersten bewegt, aus dem Innersten geradezu nach außen „überfließt" und sie alle zu einem sichtbaren, hörbaren, spürbaren Miteinander verbindet.

Es ist klar, wem dieses „Jubeln" und „Zujauchzen" gelten soll: unserem Gott, im Psalm bezeichnet als „Herr" und als „Fels unseres Heils". Klar ist auch, daß mit diesen Gefühls-, Stimmungs-, Lebens- und Glaubensäußerungen nicht – zumindest nicht zuerst – eine geordnete begriffliche Artikulation von Glaubensaussagen gemeint ist. – Nein, aufgefordert, ermutigt, überredet wird zu lautem Huldigungsjubel, in den die Menschen *alle* Ausdrucksformen, die ihnen zur Verfügung stehen, einbringen können, ja, sollen.

Es gibt Gründe zum Jubeln und Jauchzen

Es mag uns zunächst fremd erscheinen, was da vor einigen Tausend Jahren in und vor dem Tempel und auf dem Weg zum Tempel geschieht, geschehen soll. Verständlicher wird es uns, wenn wir die Begründung für diesen Jubel im Psalm lesen:

„Denn der Herr ist ein großer Gott,
ein großer König über allen Göttern" (V. 3).

Damals gab es im Palastbezirk zu Jerusalem, an den sich der Tempel unmittelbar anschloß, neben dem Jahwe-Tempel auch kleinere Tempel und Altäre für andere Götter, Götter der umgebenden Städte, Völker und Länder. Neben, über all diesen Göttern ist Jahwe, der Gott Israels, „ein großer Gott, ein großer König über allen Göttern". Warum? – Der Psalm belegt die einmalige, alle anderen Götter weit überragende Größe Jahwes mit dessen Taten, Wohltaten für uns Menschen:

„Sein ist das Meer, das er gemacht hat,
das trockene Land, das seine Hände gebildet.
... Wir sind das Volk seiner Weide,
die Herde, von seiner Hand geführt ...

Er, der Gott Israels, ist der Schöpfer der Erde, der Begleiter seines Volkes, der Befreier aus Ägypten, unser Wohltäter von Anfang an bis heute. Und diese Geborgenheit in Gott, dieses Vertrauen – und Leben-Dürfen unter seinem Schutz, in seiner Hand – das sollte kein Grund zum Jubeln und Jauchzen sein? Die Gläubigen Israels wußten noch um die Berechtigung dieses Jubels. Sie wußten auch, daß ihr innerer Glaube – wie von selbst, wie selbstverständlich – nach äußerem Ausdruck verlangt, der alle Fähigkeiten, Sinne und Gefühlsäußerungen einbezieht. Und sie hatten keine Scheu, die Bedeutung ihres Glaubens als Mitte und Prägung des gesamten Lebens jubelnd und jauchzend zum Ausdruck zu bringen. Noch einmal:

Nicht nur und zuerst in Worten, Sätzen und formulierten Gebeten, sondern alle Sinne umfassend.

Und wir heute?

Könnten wir uns bei uns etwas Ähnliches vorstellen? Könnte es bei uns so etwas geben, daß andere an unserem Äußeren – ohne daß wir ihnen erst etwas erklärend sagen müßten – entdeckten und wahrnähmen: „Da lebt jemand aus einer inneren Sicherheit und Geborgenheit, die sichtbar und spürbar ist und die ausstrahlt?“ Vielleicht fällt Ihnen an dieser Stelle wie mir der Vorwurf *Friedrich Nietzsches* gegen die Christen ein: „Ihr Christen, ihr müßtet nur erlöster (= froher) aussehen, wenn ich euch und eurer Botschaft glauben sollte!“

Es ist eigenartig: Bei vielen Gelegenheiten unseres Lebens ist es ganz normal, daß wir uns so äußern, wie es im Augenblick auch tatsächlich um uns bestellt ist. Aber sobald es um unseren Glauben oder gar um das Sichtbarwerden dieses Glaubens geht, tritt eine typisch christliche (katholische) Haltung zutage: „Nur nicht ausdrücken, wie es im Inneren aussieht. Wie's drinnen aussieht, geht niemand was an!“

Um es an einem Beispiel in der Eucharistiefeier zu verdeutlichen: Nun haben wir uns zwar in der Gemeinde daran gewöhnt, daß wir uns zum Friedensgruß ein „Zeichen des Friedens“ geben. Aber ist aus dieser Äußerung in der Regel etwas zu spüren von der Freude an unserem Glauben und unserer Glaubensgemeinschaft? – Doch getrost: Bald sind wir wieder draußen, vor der Kirche, da scheuen wir uns dann nicht, andere herzlich zu grüßen, vielleicht sogar zu umarmen …

Oder wird es gar an diesem abschließenden Bild noch deutlicher: Zigtausend Menschen scheuen sich Woche für Woche nicht, ihren Gefühlen lautstark, in allen möglichen Formen und Äußerungen Ausdruck zu verleihen, indem sie bei Fußballspielen ihren Stars (ihren Göttern?) zujubeln … – Wenn wir als Christgläubige bezüglich unseres Gottes zu so etwas Ähnlichem nicht bereit oder nicht in der Lage sind, könnte das daran liegen, daß uns an unserem Gott recht wenig liegt, daß er uns nicht des Jubelns und Jauchzens würdig erscheint? Daß uns andere „Götter“ wichtiger sind?

WOLFGANG RAIBLE

Psalm 98

Mein Leben – ein neues Lied zur Ehre Gottes

„Singet dem Herrn ein neues Lied, denn er hat wunderbare Taten vollbracht!“ Wallfahrer, die zum Tempelgottesdienst nach Jerusalem gepilgert waren, wurden mit diesem Ruf aufgefordert, in das Lob Gottes einzustimmen. Jüdische und später auch christliche Familien, die sich zum Hausgottesdienst versammelt hatten, beteten oder sangen diesen Psalmvers, um sich gegenseitig zum Dank an Gott zu ermuntern. Einzelne Beterinnen und Beter lassen sich bis heute von diesen Worten anregen, mit Freude an all das zu denken, was sie als Wohltat Gottes in ihrem Leben schon erfahren haben.

„Singet dem Herrn ein neues Lied, denn er hat wunderbare Taten vollbracht!“ Das ist eine Einladung an einzelne und an feiernde Gemeinden, ihrem Glauben an einen helfenden und rettenden Gott Ausdruck zu verleihen. Und wer einmal etwas von der Güte und der heilenden Kraft Gottes gespürt hat, der muß singen, dem reichen die Worte nicht mehr aus. „Mehr als Worte sagt ein Lied“ – singen wir oft in unseren Gottesdiensten. Wem wirklich unter die Haut und zu Herzen geht, was ihm schon alles geschenkt wurde, dessen ganzes Leben kann zu einem Loblied auf Gott werden. *Gregor von Nyssa,* der große Theologe und Bischof des 4. Jahrhunderts, formuliert es so: „Gottes Wille ist es, daß dein Leben ein Psalm sei – ein Lied, das nicht den Lärm der Erde wiedergibt, sondern rein und deutlich die Gesänge des Himmels vernehmen läßt.“ Das neue Lied, das Gott sich wünscht, ist ein erneuertes Leben; ein Leben, das etwas von seiner Menschenfreundlichkeit widerspiegelt.

... seine Melodie

Mein ganzes Leben – ein neues Lied zur Ehre Gottes. Es lohnt sich, dieses Bild auszumalen. Mein Leben kann ein neues Lied zur Ehre Gottes werden, wenn ich Gottes *Melodie* in mich aufnehme *(Ignatius von Antiochien).* Gottes Melodie in sich aufnehmen, das heißt:

- Wach und bewußt leben, um zu hören und zu entdecken, was Gott mir zuspielen will, wozu er gerade mich rufen und berufen möchte.
- In der Partitur der Heiligen Schrift die Notenzeile herausfinden, die mir persönlich zugedacht ist; den Part erkennen, der im Spiel des Lebens für mich bestimmt ist: Freude verbreiten oder zuhören können, trösten oder anpacken ...
- Langsam zu dem Menschen werden, der ich in den Augen Gottes schon bin; meine eigene Identität entwickeln und meine Talente entfalten...
- In Gesprächen und Begegnungen die Zwischentöne wahrnehmen, mit denen mir andere ihre Enttäuschungen und Verletzungen, ihre Hoffnungen und Bitten zuspielen...

... seine Harmonie

Mein Leben kann auch ein neues Lied zur Ehre Gottes werden, wenn es etwas ahnen läßt von meiner Suche nach *Harmonie.* Sich um Harmonie bemühen, das bedeutet:
- Den Akkord der Gottes-, Nächsten- und Selbstliebe anschlagen; darauf achten, daß kein Ton dieses Dreiklangs vernachlässigt wird oder ganz ausfällt.
- Ja sagen zum eigenen Leben und dadurch auch Ja-Sagen-Können zur Eigenart der anderen, und in der Zuwendung zur Schwester und zum Bruder der Liebe zu Gott Hand und Fuß geben.
- Die Sehnsucht nach Frieden wachhalten; eine Atmosphäre der Versöhnungsbereitschaft und der Offenheit verbreiten, ein Klima, in dem man heil und gesund werden kann.
- Die Stimme des anderen als Bereicherung und nicht als Konkurrenz hören und verstehen; unterschiedliche Lebensmelodien, Lebenswege und Standpunkte tolerieren. Die Kirchenväter haben, wenn sie Vielfalt und Einheit der christlichen Gemeinde beschreiben wollten, oft von Symphonie, von Zusammenklang gesprochen – lange bevor dieses Wort in der Musik eine Bedeutung bekam.

... sein Rhythmus

Mein Leben kann schließlich ein neues Lied zur Ehre Gottes werden, wenn ich mich einschwinge auf den *Rhythmus* des Glaubens.

Sich einschwingen auf den Rhythmus des Glaubens, das könnte man so umschreiben:

- Ein Gespür bekommen für die betonten und unbetonten Zeiten, für Kontemplation und Aktion, für Engagement und Gelassenheit.
- Sich darauf einstellen, daß beides zu unserem Leben gehört: Alltag und Fest, Trauer und Freude, Mißlingen und Glück.
- Sich mitreißen lassen vom Schwung, vom ‚drive' derer, die uns den Glauben überzeugend vorleben.
- Nicht ängstlich an der Vergangenheit hängen, sondern in Bewegung bleiben, nach vorne schauen, die Suche nach intensivem, erfülltem Leben nicht aufgeben.

Bessere Lieder als Zeichen eines tieferen Glaubens

„Singet dem Herrn ein neues Lied!" – das Lied eines erneuerten Lebens! Komponiert weiter an der Melodie, die er uns zuspielt, tragt bei zu Harmonie und Frieden in der Welt, laßt euch begeistern und tragen vom Rhythmus, den er vorgibt! Und frohes, begeisterndes, kraftvolles Singen ist sicher das beste Zeichen für unsere Bereitschaft, Gott mit unserem Lebenslied die Ehre zu geben.

Wenn *Friedrich Nietzsche* uns vorwirft: „Erlöster müßten mir die Christen aussehen. Bessere Lieder müßten sie mir singen, daß ich an ihren Erlöser glauben könnte" – dann stellt er uns indirekt die Frage: Habt ihr überhaupt schon entdeckt, welche wunderbaren Taten Gott vollbracht hat? Ist euch bewußt, wie oft er euch schon geholfen und an die Hand genommen hat? Spürt ihr wirklich, wie er euer Leben mit seiner Geduld und Treue begleitet? Deshalb: „Freut euch, jubelt und singt", wenn ihr vom Wirken Gottes in unserer Welt überzeugt seid!

MARIA TRAUTMANN

Psalm 100

Lassen wir uns zum Gotteslob verführen!

Schauen wir erlöst aus?

Friedrich Nietzsche, ein großer Philosoph und Kritiker des Christentums im letzten Jahrhundert, sagte über die Christen: Sie müßten erlöster aussehen, wenn man an ihren Gott glauben solle.

Wenn wir uns beim Eintritt in die Kirche oder während des Gottesdienstes im Spiegel gesehen hätten –, ob Nietzsche recht hätte mit seinem Vorwurf? Aber, so halten wir dagegen: Dürfen wir nicht mit vielen Sorgen beladen in die Kirche gehen, um Kraft zu tanken? Wir wollen die vielen kleinen und großen Probleme unseres Lebens vor Gott tragen. Zu ihm kommen wir mit unseren Bitten und Klagen, mit unserer Resignation oder Hoffnung. Schließlich muß jeder zugeben, daß das menschliche Leben nicht nur aus eitel Sonnenschein besteht. Jauchzen und Halleluja-Singen, kann einem das so einfach befohlen werden? In Süddeutschland kennt man die Szene vom „Münchner im Himmel", der dort ständig Halleluja singen soll, aber nur die Zuhörenden zum Lachen reizt.

„Jauchzt vor dem Herrn ... mit Jubel!" (VV. 1–2). „Jauchzt – freut euch – jubelt": Für manche leidbeladenen Menschen mag das nahezu zynisch klingen. War der Psalmist, der zu diesem Loblied auffordert, ein unverbesserlicher Optimist, ein Sonntagskind? Sah er die Welt verklärt durch eine rosarote Brille und meinte, diese verklärte Weltsicht auch anderen zumuten zu können?

Zum Jubeln verführen

Dieser Psalm 100 war ursprünglich für die jüdische Gemeinde formuliert, die zur kultischen Feier ins Tempelheiligtum einzog. Offensichtlich mußte dem Jubel auch damals etwas „nachgeholfen" werden, wohl nicht alle betraten den Tempel mit Jauchzen und Frohlocken. Aus der frühen bis späten Geschichte des Volkes Israel wissen wir von seinen Leiden, von schlimmer Unterdrückung durch benachbarte Völker, auch um sein moralisches und religiöses Versagen, von Machtansprüchen gegen Schwächere und vom Tanz um manches „Goldene Kalb". Aus biblischen Texten, vor allem aus Klagepsalmen erfahren wir von persönlichen Nöten und Schicksalsschlägen einzelner: von Krankheit, Verfehlung und Schuld, ungerechter Anschuldigung und Feindschaft, von Todesangst.

Aber dieses Volk versank nicht in der Schwermut, erstarrte nicht in Selbstsucht und Arroganz. Es ließ sich immer wieder zum Jubeln verführen, fand zur Dankbarkeit gegenüber seinem Gott. Wie aber wurde Israel immer wieder herausgeführt aus seiner Nabelschau, so daß es weder in Selbstmitleid versank, noch in Selbstbeweihräucherung und Anmaßung ertrank?

Der Psalmist gibt uns einige Antworten:

- Menschen benötigen manchmal einen Anstoß, daß sie den Blick zu Gott erheben und Gott ein freudiges Danke-schön sagen. Sie brauchen andere, die ihnen wie im Psalm zurufen: „Kommt mit Lobgesang!"
- Der gottesdienstliche Raum ist ein wichtiger Ort, wo die Gemeinde sich vergangener Glückserfahrungen erinnert, sich zum gegenwärtig sorgenden Gott bekennt, auch hofft auf seine zukünftige heilsame Nähe. Daher richtet sich der Psalm an die ganze Gemeinde, die sich zum Gottesdienst im Heiligtum einfindet.
- Die Rückbesinnung auf Gott als den Schöpfer und die Erfahrung, daß er durch die Geschichte hindurch immer wieder wie ein Hirte für sein Volk sorgte, läßt vertrauensvoll in die Zukunft schauen. Darum erinnert der Psalmist an den Schöpfer-Gott und seinen Bund mit uns Menschen von Geschlecht zu Geschlecht.

„Jauchzet und frohlocket!"

Wir können nicht leugnen, daß in unserem Leben, im privaten oder beruflichen Alltag, vielfach der Himmel durch dunkle Wolken verhangen ist. Unsere Welt wird von Krieg, Hunger, Tränen, Drogen, Naturkatastrophen verfinstert. Dennoch sollten wir es zuweilen einfach versuchen, uns von der Freude des Psalmisten anstecken zu lassen. Folgen wir doch einmal seiner Aufforderung: „Jauchzt, dient mit Freude, kommt mit Jubel, kommt mit Lobgesang, dankt ihm, preist seinen Namen."

„Positives Denken" ist heute ein psychologisches Schlagwort. „Positiv leben" ist eigentlich das Markenzeichen jüdisch-christlichen

Glaubens. Wieviel Staunens- und Jubelnswertes gibt es, wenn wir uns selbst, unsere Mitmenschen und unsere Umwelt bewußt erleben! Die kleinen Wunder des Lebens – die Blüte einer Blume, der eigene Herzschlag, das genußvolle Schnurren einer Katze, ein neugeborenes Kind, das rundum gesund ist – sie sind einen Lobgesang auf unseren Schöpfer wert. Sich freuen ist eine Liebeserklärung an das Leben und an den, der es uns geschenkt hat. Von ihm haben wir die Zusage, daß er uns auch künftig trägt und uns in Treue verbunden bleibt.

Wir dürfen Gott mit „Vater, lieber Papa" anreden. Damit bringen wir unsere Zuversicht zum Ausdruck, daß er fürsorglich und treu, liebevoll-zärtlich wie eine Mutter unsere Welt in seinen Händen hält. Sie kennen vielleicht die Gewissensfrage für Erzieherinnen und Erzieher: Hast Du Dein Kind, Deine Schülerinnen und Schüler heute schon gelobt? Die Frage läßt sich für uns Christen leicht abwandeln: Haben wir Gott heute schon gelobt und ihm gedankt? Wenn nicht, ist es noch nicht zu spät: „Jauchzt vor dem Herrn! Kommt vor sein Antlitz mit Jubel!"

JUAN-PETER MIRANDA

Psalm 103

„Und doch: Gottes Güte bleibt!"

Frohbotschaft im Alten Testament

Wie gütig bist du, mein Gott! Wie grenzenlos gütig! Überschwenglich preist der Psalmist seinen Gott, den Gott des Alten Testaments. Unglaublich! Ist denn der Gott des Alten Testaments nicht eher ein Richter-Gott, ein strafender, zorniger alter Mann? So oder ähnlich höre ich immer wieder auf Bibeltagungen und Seminaren, die ich im Rahmen meiner Tätigkeit als Bildungsreferent beim Katholischen Bibelwerk jahrein, jahraus halte. Zäh und manchmal sogar aggressiv behauptet sich die Meinung, erst Jesus habe den Gott der Liebe und der Barmherzigkeit verkündet. Wie schwer lastet immer noch auf dem christlichen Bewußtsein die jahrhunderte- oder jahrtausendealte Tradition von einem Gegensatz zwischen dem Gott des Alten Bundes und dem Gott des Neuen Bundes.

Achteten wir genauer auf unsere Heilige Schrift des Alten und des Neuen Testaments, hätten wir den großen Fehler nicht begangen und diesen in der Geschichte der Christenheit verhängnisvollen Gegensatz nicht aufgestellt. Die Christen sind dem Erzketzer Marcion auf den Leim gegangen, und viele haben sich aus seinen Fesseln bis heute nicht befreit. Marcion hat sich um 150 n. Chr. von der christlichen Großkirche getrennt. Zur Mitte seiner Botschaft machte er den vermeintlichen Gegensatz zwischen dem Gott der Liebe, der sich in Jesus Christus offenbart habe, und dem Gott der Rache und des Gerichts, welcher der Gott des Alten Testaments sei. Doch Bibelstellen wie Ps 103 strafen den Marcion und seine Sympathisanten Lügen.

Wir alle leben von der Güte Gottes

Gott ist ein Gott voller Güte und Huld, sagt der Psalmist. Noch heute würde er in unsere Welt voll Trauer, Empörung und Wut über so viel Ungerechtigkeit und Grausamkeit seine Sätze hineinsagen:

„Lobe den Herrn, meine Seele, und vergiß nicht, was er dir Gutes getan hat: der dir all deine Schuld vergibt, und all deine Gebrechen heilt, der dein Leben vor dem Untergang rettet und dich mit Huld und Erbarmen krönt, der dich dein Leben lang mit seinen Gaben sättigt; wie dem Adler wird dir die Jugend erneuert“ (VV. 2–5).

Unser Psalmist hat Gottes Huld am eigenen Leib und in seinem Innern erfahren: Als kranker Mensch steht er geheilt da, selbst die Vergebung seiner Schuld erfährt er. Aus der Nähe des Todes und des Unheils wird er in den Bereich des Lebens hinübergerettet. Mag sein, daß diese Beispiele von Rettung und Heil uns persönlich nicht treffen. Vielleicht fühle ich mich so kerngesund oder im Gegenteil drückt mich eine schwere oder unheilbare Krankheit nieder. Vielleicht bin ich mir keiner Schuld bewußt oder komme umgekehrt von einem unerträglichen, mich seelisch schwer belastenden Schuldbewußtsein einfach nicht los.

Als rationale Argumente können uns vielleicht die Beispiele des Psalmisten für die Güte Gottes nicht ohne weiteres überzeugen. Sie sind dennoch verdichtete persönliche Erfahrungen, die auch für uns heute hilfreich sein können. Sie zeigen auf, daß Gott den Menschen in ein neues positives Verhältnis zu ihm, zu sich selber und zu den Mitmenschen setzen will und es tatsächlich tut. Könnte es nicht so sein, daß Gottes Güte und Zuneigung eher in kleinen, unscheinbaren Gesten, auch sinnenhaft, durchscheint: In den Augen, die mich freundlich anschauen; in den Händen, die mich zärtlich streicheln; in den Lippen, die mir zulächeln? Dies alles sind Zeichen von Annahme und Zuneigung. Um Größeres bewirken zu können, braucht der Mensch die Annahme seiner selbst. Wir dürfen und sollen uns auf Spurensuche jener kleinen Liebeserweise begeben, wollen wir die letzte Hoffnung nicht fahren lassen. Güte, Huld Gottes, das sagt mir: Du darfst trotz deiner vielen Ängste aus Vertrauen leben, dein Leben leben!

Gegen das Vergessen

In einer Welt, in der Macher hoch im Kurs stehen, überhaupt Menschen sich kurzlebigen Eindrücken hingeben, wird es nicht verkehrt sein, sich auf das Wort des Psalmisten zu besinnen: *„Vergiß nicht, was er dir Gutes getan hat.“*

Trauer oder Entbehrung, Wohlbehagen oder Wohlstand können Gottes Güte im Alltag vergessen machen. In solchen Situationen stürzen sich die einen in abgrundtiefe Resignation, und die anderen steigern sich in maßlosen Eigendünkel. Entweder ist Gott ein Gott, der mich tyrannisiert, oder es gibt ihn überhaupt nicht. Wo gäbe es da Raum für Gottes Lob?

Die Erfahrungen des Psalmisten sind nicht aus einer anderen Welt. Sie können wie ein Vergrößerungsglas sein für meine kleinen und unscheinbaren Erfahrungen von Liebe und Anerkennung. Sie alle spiegeln die Güte Gottes wider. Und diese kleinen Spuren der Freundlichkeit Gottes in der Welt können für mich zu kleinen Schritten auf eine positive Gotteserfahrung hin werden.

Wie Gott eigentlich ist …

„Jahwe ist barmherzig und gnädig, langmütig und reich an Güte" (V. 8). Die ganze Bedeutung Gottes steht in diesem einen Satz. Diese Aussage ist wahr. Die eigenen Erfahrungen des Psalmisten und die Erfahrung seines ganzen Volkes sprechen dafür. Die Eigenschaften Gottes, die in dem einen Satz kaskadenartig zur Sprache kommen, entfalten nur, was Jahwe, der Name Gottes, bedeutet: *„Ich bin der Ich bin da, Ich bin da für euch."* Gottes Wesen drückt sich aus in seinem huldvollen Wirken. Erbarmen, Langmut und Güte unter den Menschen offenbaren Gott, wie er ist und sein will. Wie verkehrt kann dann der Versuch sein, in Kirche und Gemeinde dem Kirchenrecht und den Paragraphen das letzte Wort zu lassen. Wo spüren wir dann noch das erbarmungsvolle Wesen und Wirken Gottes? Wo lassen wir, Kirchenvolk und Kirchenobere, dieses Erbarmen und diese Güte durchscheinen? Oder verhindern wir nicht eher das Aufstrahlen der Güte Gottes in den Herzen der Menschen? Nicht Strafe, Sanktion oder Recht haben das letzte Wort bei Gott, bei Jahwe, dem Gott Abrahams, Isaaks, Jakobs und Jesu. Denn *„er wird nicht immer zürnen, nicht ewig im Groll verharren. Er handelt an uns nicht nach unsern Sünden und vergilt uns nicht nach unsrer Schuld. Denn so hoch der Himmel über der Erde ist, so hoch ist seine Huld über denen, die ihn fürchten. So weit der Aufgang entfernt ist vom Untergang, so weit entfernt er die Schuld von uns"* (VV. 9–12).

Wahrhaftig, ein menschenfreundlicher Gott ist der Gott des Alten Testaments! Ein sympathischer Gott! Ein Gott, der mitfühlt, mitempfindet; ein Gott, der Erbarmen zeigt, der voller Zuneigung ist für meine Art, zu sein und zu leben.

Die Zärtlichkeit Gottes

„Wie ein Vater sich seiner Kinder erbarmt, so erbarmt sich der Herr über alle, die ihn fürchten“ (V. 13). Bei diesem Vers fällt mir spontan das Stichwort „Zärtlichkeit“ ein. Ist denn das nicht ein Widerspruch, Gott „Vater“ zu nennen und ihn zugleich für zärtlich zu halten? Verbinden wir denn nicht - so wenigstens in unserem Kulturkreis - mit dem Bild und mit der Gestalt des Vaters die Eigenschaften von Strenge, Zucht und Ordnung, Gesetz, Verstandeskraft, Wille zur Macht, Technik, überhaupt alles, was mit Objekt- und Weltbezug zu tun hat? Haben daher engagierte Frauen nicht recht, wenn sie verlangen, die Anrede „Vater“ für Gott fallen zu lassen oder sie mit der Anrede „Mutter“ zu ergänzen? Wer könnte kein Verständnis aufbringen für ihre Wut und ihren Zorn, für ihren Schmerz und ihre Auflehnung? Wo ist Heilung anders zu erfahren als in einem mütterlichen Gottesbild?

Der Psalm 103 weist uns den Weg, auf dem wir Heilung anstatt Verwundung, Güte und Gnade anstatt Gericht, Drohung und Paragraphen von neuem erfahren können. Denn unser Gott ist ein Gott der Güte und des Erbarmens. Apropos Erbarmen: Das hebräische Wort für Erbarmen „rachamim“, das wörtlich „Eingeweide“ bedeutet, beinhaltet das Wort „Mutterschoß“, hebräisch „rechem“.

Unser Gott, der Gott des Alten oder besser gesagt des Ersten Bundes und des Neuen, Erneuerten Bundes, ist wahrhaft ein Gott, der sich mütterlich den Menschen und seiner ganzen Schöpfung zuwendet. Er zeigt sein Erbarmen mit dem Geringen und Verlassenen, mit dem Notleidenden und Armen. Gottes Erbarmen hat immer schon mit Not und Leiden von Mensch und Schöpfung zu tun. Der Psalmist begründet gar das erbarmungsvolle Verhalten Gottes mit den Menschen damit, daß sie nichtige, kurzlebige Wesen sind.

„Denn er weiß, was wir für Gebilde sind; er denkt daran: Wir sind nur Staub. Des Menschen Tage sind wie Gras, er blüht wie die Blume des Feldes. Fährt der Wind darüber, ist sie dahin; der Ort, wo sie stand, weiß von ihr nichts mehr. Doch die Huld des Herrn währt immer und ewig für alle, die ihn fürchten und ehren“ (VV. 14–17).

Den Bildern für die Vergänglichkeit menschlichen Lebens setzt der Psalm die bleibende Güte Gottes entgegen. Die Verse 8 und 17f umrahmen die Aussage über die Nichtigkeit des menschlichen Lebens und heben sie auf:

„Der Herr ist barmherzig und gnädig, langmütig und reich an

Güte". Und: „Doch die Huld des Herrn währt immer und ewig für alle, die ihn fürchten und ehren; sein Heil erfahren noch Kinder und Enkel; alle, die seinen Bund bewahren, an seine Gebote denken und danach handeln."

Um diese bleibende, unübertreffbare Güte Gottes geht es dem Psalmisten. Sie ist das Fundament, auf dem der Mensch sein Leben aufbauen darf und soll. Du darfst auf IHN vertrauen, denn ER ist immerwährend voller Huld und Güte. Du darfst auf IHN bauen, du brauchst nicht zu resignieren oder dich aufzugeben. Du hast Zukunft bei IHM und mit IHM.

HEINZ GEIST

Psalm 104

„Lobe den Herrn meine Seele ...“

Dieser Psalm fasziniert durch seine Gestalt und provoziert durch seinen Inhalt. Je mehr mich diese „leb-haften“ Sprachbilder in ihren Bann ziehen wollen, um so mehr läßt ihre Überschwenglichkeit einen schalen Geschmack bei mir zurück - zunächst jedenfalls.

Der Psalm - eine romantische Verirrung?

Denn unsere Erfahrung mit der Welt ist oft weniger Grund zur Freude, sie gibt viel mehr Anlaß zu Angst und Sorge. Das Bedrohliche in unserer Welt scheint in diesem Psalm verharmlost, ja überhaupt ausgeblendet. All das, was uns heute zwar zum unbeachteten Allerweltswort geworden ist, aber dennoch an Realität nichts zu wünschen übrig läßt, die mehr und mehr zerstörte Umwelt, das ständig drohende Risiko fahrlässig verursachter Katastrophen, die 30 Millionen Menschen, die jährlich verhungern, die sinnlosen Kriege und mörderischen Vernichtungslager seit Menschengedenken, Erdbeben und Flutkatastrophen, körperliche und geistige Behinderungen des Menschen, der frühe, allzu frühe Tod von hoffnungsvollen Menschen und, was immer man sonst noch aufzuzählen hätte - spricht nicht all das diesem Psalm Hohn? Kann er etwas anderem als einem momentanen Anfall einer unhaltbaren Romantik entsprungen sein? Ist er nicht zumindest ein allzu naives Produkt einer vom Chaotischen des Lebens zufälligerweise einmal verschonten „Inselerfahrung“ nur eines einzelnen Menschen?

Der Psalmendichter - ein Realist

Doch ein wiederholtes Lesen und Hören des Psalms korrigiert unser Vorurteil. Der Dichter dieses Liedes weiß sehr wohl um die chaotische Bedrohtheit unseres Lebens; dies entgeht uns nur allzuleicht, da der Psalm im Horizont eines Weltbildes entstanden ist, das nicht mehr das unsere ist. Wenn da die Rede ist von der „Urflut“, die

„einst die Erde bedeckt wie ein Kleid" (V. 6), von den „Wassern", in denen „Gott die Balken seiner Wohnung verankert" (V. 3), in die hinein er „die Pfeiler der Erde" (V. 5) gesenkt hat, wenn von „Winden" und „lodernдem Feuer" die Rede ist, die Gott zu „Boten und Dienern" umfunktioniert hat (V. 4), dann verbirgt sich hinter diesen Bildern nicht nur, wodurch sich die Umwelt des gläubigen Dichters – Juden wie Nichtjuden – in ihrer Existenz immer auch bedroht gefühlt hat; auch für uns heute kommen in diesen Bildern Lebenssituationen hoch, in denen die Wasser der Bedrängnis über uns zusammenschlagen, Ereignisse, die zu Fluten der Not werden, die uns über- und wegschwemmen können, Einbrüche in unser Leben, in denen wir den Boden unter den Füßen zu verlieren scheinen und verlieren.

Wenn da die Rede ist vom „Leviatan" (V. 26), dem sagenhaften Chaosdrachen, der Symbolfigur des Chaotischen und Katastrophalen in der Vorstellungswelt Kanaans, dann klingt darin auch für uns all das an, was uns im Leben zu verschlingen droht und viele verschlingt. Und wenn von der „Nacht" (V. 20) die Rede ist, dann geht es für den Orientalen der damaligen Zeit nicht bloß um ein paar Stunden Sonnenfinsternis, sondern um die reale Gefährdung des Lebens durch dunkle Mächte, von denen selbst wir aufgeklärten Menschen uns manchesmal wie umlagert fühlen. Und wenn von „Mond" und „Sonne" (V. 19) die Rede ist, dann verbindet der damalige Mensch damit die Vorstellung, daß die Gestirne selber unberechenbare, dämonische Mächte und Götter sind ... Ein naiver Romantiker war der Dichter des Psalms gewiß nicht!

Der Dichter – ein tiefgläubiger Mensch

Aber er war ein Jahwegläubiger! Dieser Glaube veranlaßt ihn, Jahwe als einen Gott zu proklamieren, der souverän über allen scheinbaren Mächten und Gewalten steht, der sich ihrer nach Belieben bedient, als einen Gott, außer dem es nur seine Geschöpfe gibt, die von ihm abhängig sind und nicht neben oder gar gegen ihn stehen, die seinem „Drohen" und „der Stimme seines Donners" sich fügen (V. 7). Der Dichter preist Jahwe als einen Gott, der all die Urmächte verwandelt und die Urwasser zu „Quellen" des Lebens werden läßt für Pflanzen, Tiere und Menschen, die die Natur beleben, so daß der Mensch „Brot" und „Wein" und „Öl" (V. 14f) anbauen kann. Der Psalm schildert Gott auch als einen, der zärtlich und fürsorglich mit seiner Schöpfung umgeht, der die Lust zu leben weckt in Symbiose von Mensch und Natur, der allen Lebewesen das Leben gönnt, der aber auch Geheimnis bleibt und nicht bloß Erfüllungsgehilfe des Menschen ist: „Verbirgst du dein Gesicht, sind sie verstört, nimmst du ihnen den Atem, so schwinden sie dahin und kehren zurück zum Staub der Erde. Sendest du deinen Geist aus, so werden sie alle erschaffen, und du erneuerst das Antlitz der Erde“ (V. 29f).

Nicht eine Verniedlichung der bedrohlichen Mächte der Welt und der Dunkelheiten des menschlichen Lebens propagiert dieser Psalm, sondern einen anderen Umgang mit ihnen, eine andere Einstellung ihnen gegenüber. Weil Jahwe das einzige Prinzip der Schöpfung ist, weil die ganze Welt in ihm ist und durch ihn Bestand hat, weil er sich sogar den fürchterlichen Leviatan als Spielzeug geschaffen hat (V. 26), darum kann man sich in allem an IHN halten: im Haltlosen gibt ER Halt.

Der Psalm - ein Hoffnungslied

Bekannt ist die Antwort eines Juden auf die Frage, wie man nach Auschwitz Gott noch loben könne: „Wie soll man nach Auschwitz Gott nicht loben!“ - Aus der gleichen Grundüberzeugung ist des Psalmisten Lob aufgestiegen: „Ich will dem HERRN singen, solange ich lebe, will meinem Gott spielen, solange ich bin“ (V. 33). Lob Gottes - das ist keine religiöse Pflicht, die man zu erfüllen hätte. Das Lob Gottes ist vielmehr eine Grunddimension eines menschlichen Lebens, das an den Gott Israels und Jesu glaubt. Wo der Mensch Gott lobt, wo er der Überzeugung ist, daß er „sich am Herrn freuen kann“, weil dieser alles in der Hand hat und bei ihm und durch ihn - wenn uns auch meist verborgen - alles aufgeht, da ist menschliches Leben mehr als ein Dahinvegetieren, da weitet sich der Horizont des Lebens, da bricht Hoffnung in das bedrohteste und bedrängteste Leben ein, da wird unser Lob zu einem Dialog wachsender Freude zwischen uns und Gott.

Ein herbstlicher Wald, ein erhebender Alpenblick, ein Sonnenuntergang am Meer oder eine Wanderung im Schnee, das Erleben einer freundschaftlichen Symbiose mit einem Tier oder eine der faszinierenden TV-Sendungen über Pflanzen und Tiere mögen äußere Anlässe sein, Gott zu loben, wie der Psalm es versucht, Auslöser für den ahnenden Glauben, daß es mit dem Leben, daß es mit der ganzen Welt so sein wird, wie man im Augenblick empfindet. Der

Psalm ist aber nicht nur bei solcher Gelegenheit geeignet, unsere Gefühle in Sprache zu bringen. Er ist noch mehr „ein Text für unterwegs“, vielleicht gerade dort am nötigsten, wo uns die Katastrophen unseres Lebens zu überrollen scheinen.

AGNES WUCKELT

Psalm 113

Lobgesang einer kinderlosen Frau

Wer ist wie Jahwe, unser Gott, im Himmel und auf Erden,
der in der Höhe thront und hinabschaut in die Tiefe?
Der den Schwachen aus dem Staub aufrichtet,
und den Armen aus dem Schmutz emporhebt,
um ihn sitzen zu lassen bei Edlen, bei den Edlen seines Volkes.
Der der kinderlosen Frau im Hause Wohnung gibt
und der macht, daß sich die Mutter von Kindern (darüber) freut.
Halleluja!
(VV. 5–9)

Lob Gottes – nicht selbstverständlich

Halleluja! So beginnt und endet Psalm 113. Und der weitaus größte Teil dieses Hymnus dient dazu, die festlich versammelte Gemeinde (der Psalm eröffnet das Paschamahl) zum Lob Gottes aufzufordern und es zu begründen. Das Lob Gottes soll alle Zeit (von jetzt an bis ewig) und den gesamten Raum (vom Aufgang der Sonne bis zu ihrem Untergang) einnehmen; denn: wer oder was auf der ganzen Welt und darüber hinaus ist vergleichbar mit unserem Gott?

Da Bitte und Dank viel eher Anlaß und Inhalt von Gebeten bieten als das Lob Gottes, bedarf es wohl einer so ausführlichen Begründung. Vielleicht gerät ob der manchmal recht mühevollen Beschäftigung mit den Sorgen und Plagen unseres Alltags Gott tatsächlich aus dem Blick; sind Zeit und Raum ausgefüllt mit Lebensplanung und Lebensbewältigung. Vielleicht bedarf es daher eben manchmal eines konkreten Anlasses, der zum Lob Gottes anregt. Die Beterin des Psalms führt einen solchen Anlaß vor Augen: Sie, die bisher Ausgegrenzte und Mißachtete, eine der Geringsten, hat Anerkennung erfahren (V. 9). Ihr, die aufgrund ihrer Kinderlosigkeit nichts galt, ist Gerechtigkeit widerfahren (V. 9). Ein scheinbar geringer Anlaß, zum andauernden und raumübergreifenden Gotteslob aufzurufen?

Die Last der Kinderlosigkeit

Was es letztendlich konkret bedeutet, in „Staub" und „Schmutz", in „Kehricht" und „Kot" zu liegen (V. 7f), erfährt in alttestamentlicher Zeit die unfruchtbare, kinderlose Frau auf besondere Weise. Während der Mutter von Kindern (insbesondere von Söhnen) Ehre und Anerkennung zuteil wird, ist die kinderlose Frau der Schande ausgesetzt. Ist die Frau, die einen Sohn geboren hat, vor Entlassung aus der Ehe geschützt, kann die kinderlose Frau entlassen oder gar verstoßen werden. Auch in religiöser Hinsicht fällt die betroffene Frau aus dem Netz der Geborgenheit. Die gesellschaftlich gegebene hoffnungslose Situation der Ausgrenzung wird verstärkt durch die Vorstellung, Kinderlosigkeit sei die (dem Schema des Tun-Ergehen-Zusammenhangs entsprechende) Konsequenz begangener Sünden. Während Fruchtbarkeit als „Inbegriff des Segens" und als Lohn für Gehorsam gegen Gott gilt (vgl. Dtn 28,3–5), steht Unfruchtbarkeit unter dem Verdacht, eine „Strafe Gottes" zu sein (vgl. z. B. Michal, 2 Sam 6,20–23). So ist die kinderlose Frau zumeist eine vom eigenen Mann verstoßene, gesellschaftlich mißachtete und ausgegrenzte Frau, die sich zugleich als von Gott Bestrafte zu verstehen hat.

Es liegt auf der Hand, daß eine solche Diskriminierung von Frauen verletztes Selbstwertgefühl zur Folge hat und Frauen in Verzweiflung und Depression fallen: „Schaffe mir Kinder, wenn nicht, so sterbe ich" (Gen 30,1). (So gerät etwa Hanna - trotz der Liebesbeteuerungen ihres Mannes Elkana - in eine tiefe Krise. Als Kinderlose von Penina, der Mutter vieler Kinder, gekränkt und gedemütigt, „weinte sie sehr und aß nichts"; vgl. 1 Sam 1,6f).

Unerwarteter Segen

Was kann aus solcher Erfahrung von „Tiefe" herausführen? Sicherlich zunächst die - wider alle Hoffnung oder gar wider alle menschliche Erfahrung - doch noch eintretende Schwangerschaft und Geburt eines Kindes (so etwa bei Sara oder Hanna). Sie ist der Anlaß für Lobgesang: *„Mein Herz ist voll Freude über Jahwe; große Kraft gibt mir Jahwe. Weit öffnet sich mein Mund gegen meine Feinde; denn ich freue mich über deine Hilfe. Die Satten verdingen sich um Brot, doch die Hungrigen können feiern für immer. Die Unfruchtbare bekommt sieben Kinder, doch die Kinderreiche welkt dahin. Jahwe macht arm und macht reich, er erniedrigt und er erhöht. Den*

Schwachen hebt er empor aus dem Staub und erhöht den Armen, der im Schmutz liegt [...]". (1 Sam 2,1.5.7f).

Schwangerschaft und Geburt sind in einem solchen Fall mehr als nur „Inbegriff des Segens"; durch sie setzt Gott selbst die unterdrückte und sozial wie religiös ausgegrenzte Frau ins Recht und läßt ihr gegen ungerechte Schuldzuweisung Gerechtigkeit widerfahren.

Rehabilitation der Kinderlosen!

Aber Psalm 113,9 überbietet diese Erfahrung noch um einiges: hier erfährt die Kinderlose Rehabilitation, auch ohne ein Kind geboren zu haben! Sie erhält „Wohnung", also Aufnahme und Akzeptanz, so wie sie ist, unfruchtbar und kinderlos – ebenso wie eine Frau, die Mutter von Kindern ist: *„Halleluja! Lobet Jahwe, der der kinderlosen Frau im Hause Wohnung gibt und der macht, daß sich die Mutter von Kindern (darüber) freut. Halleluja!"* Eine geradezu revolutionäre Veränderung, Symbol für das Befreiungshandeln Gottes! Doch hat die Situation von Frauen in alttestamentlicher Zeit mit heutiger Situation von Frauen noch etwas zu tun? Haben sich nicht die Zeiten seit damals erheblich geändert?

„Zu einem erfüllten glücklichen Leben als Frau gehört ein eigenes Kind!" Diese Aussage hat weiterhin ihre Gültigkeit – entgegen vielfacher Annahme, daß Frauen von heute, die die traditionelle Frauenrolle verlassen und Beruf und Karriere nachgehen, die Mutterschaft ablehnen. So scheuen viele Frauen nicht davor zurück, sich der Doppelt- oder gar Mehrfachbelastung zu stellen, die sich zwangsläufig dann ergibt, wenn sie – berechtigterweise – beides wollen: Kind und Beruf, Autonomie und Bindung. Andererseits ist genau diese erhöhte Belastung von Frauen oftmals auch ein Grund, sich gegen ein Kind zu entscheiden. Aber: „Frauen ohne Kinder sind egoistisch; sie stellen die Verwirklichung eigener Interessen und Bedürfnisse über ihre ‚natürliche' Bestimmung." So ist auch diese Behauptung weitverbreitet, in der vorschnell ein Urteil über kinderlose Frauen gesprochen ist. Frauen wie Männer berufen sich damit bewußt oder unbewußt auf ein Frauenbild, das Mutterschaft als das der Frau schlechthin Aufgegebene und ihrem Wesen zutiefst Entsprechende betrachtet. Dieses Frauenbild, das Frauen auf ihre „angestammte" Rolle festlegt, trägt weiterhin dazu bei, gewollt kinderlose Frauen auszugrenzen.

Ein Kind um jeden Preis?

Auch in heutiger Zeit ist Kinderlosigkeit nicht nur auf die Entscheidung einer Frau (und ihres Partners) gegen ein Kind zurückzuführen. Allerdings bietet der medizinische Fortschritt heute Methoden an, die es Frauen (und Männern) ermöglichen, sich durch entsprechende Behandlung der Sterilität (durch in-Vitro-Fertilisation oder Embryotransfer) vom Leidensdruck der Kinderlosigkeit zu befreien. So sehr moderne Medizin dadurch positive lebensverändernde Auswirkungen haben kann (Realisierung des Kinderwunsches), so sehr ist sie jedoch auch geeignet, frau einem neuen Leidensdruck auszusetzen: Will sie nicht kinderlos sein, ist sie genötigt, sich und ihren Körper der neuen Biotechnologie auszuliefern. Die neu gegebene Möglichkeit des reproduktionsmedizinischen Angebotes kann als normative Kraft (miß)verstanden werden, daß es erstrebenswert sei, den Kinderwunsch auch in schwierigen Fällen aufrechtzuerhalten.

Also – weiterhin ein Kind um jeden Preis, um nicht (insgeheim oder öffentlich) als „nicht vollwertige" Frau zu gelten oder um nicht unter Schuldgefühlen oder -zuweisungen leiden zu müssen? Verdeutlicht sich nicht gerade hier auf extreme Weise, daß Kinderlosigkeit letztendlich immer noch kein gesellschaftlicher Wert ist und Frau- und Muttersein als voneinander untrennbare Größen gelten? Frauen, die Familie und Beruf, Kind und Karriere miteinander verbinden möchten, erfahren keine oder zuwenig Unterstützung, sei es in ideeller oder in ganz praktischer Hinsicht. Frauen, die gewollt kinderlos bleiben, werden vielfach zur Schicht der Egoisten gezählt. Frauen, die ungewollt kinderlos bleiben, werden oftmals unter dem Vorzeichen medizinischen Fortschritts davon abgehalten, ihre Kinderlosigkeit zu akzeptieren.

Gleichstellung der Kinderlosen

Was müßte geschehen, daß sich die in Ps 113 dargestellte Leidsituation vornehmlich der kinderlosen Frauen endlich verbessert? Wie läßt sich die Vision von der gleichberechtigten Stellung der kinderlosen Frau neben der Mutter von Kindern in Realität überführen?

Eines ist sicher: Psalm 113 läßt nicht zu, Frauen allein aufgrund der Gegebenheit (sozialer und) biologischer Mutterschaft Anerkennung zuteil werden zu lassen und jene, die gewollt oder ungewollt kinderlos bleiben, in „Staub“ und „Schmutz“ zu treten. Psalm 113 verdeutlicht, daß diese Ungerechtigkeit eine Herausforderung sein muß – für alle „Knechte Jahwes“, d. h. für alle, die im Lobpreis des Namens Gottes anerkennen, daß Gott als parteilicher Gott stets auf der Seite derer steht, die in Fremdbestimmung, Abhängigkeit und Unterdrückung leben müssen, und menschliche Machtverhältnisse auf den Kopf stellt. Hier liegt eine Herausforderung, die Gewohntes und scheinbar immer schon so Gewesenes anfragt. Vielleicht ist dies auch ein Grund dafür, daß wir Gott so selten loben?

RITA BAHN

Psalm 116

„Aufatmen darf ich, denn Gott hat mein Flehen gehört“

Wenn ich diesen Psalm höre, stelle ich mir einen Menschen vor, der vor Erleichterung schier übersprudelt, seine Gedanken nur mühsam ordnen kann und doch unendlich viel mitzuteilen hat. Jubelnd preist er Gott, dann wieder erinnert er sich seiner Ängste, mahnt sich selbst schließlich zur Ruhe ob der doch überstandenen Not und denkt darüber nach, wie er für das, was ihm geschenkt wurde, danken kann.

Ausweglose Angst

Die bittere Situation, die der Psalmbeter durchgestanden hat, ist uns allen vertraut: Mindestens hat uns schon irgendein Kummer bedrückt. Ratlosigkeit mit ihren tausend bohrenden Fragen hat uns wohl oft genug bedrängt. Viele aber mögen noch weitaus schlimmere Erfahrungen machen: vor Angst wie gelähmt zu sein – keine Zukunft mehr zu sehen – tatsächlich die Fesseln des Todes spüren – kaum mehr sie selbst zu sein, weil Mächte von außen (Krankheit, Sucht, übelwollende Menschen, staatlicher Terror, ...) die Herrschaft über sie ergriffen haben.

Wer kann da noch helfen, wenn man sich so klein und verschlossen in sich selbst fühlt, daß man sich niemandem mehr zumuten und anvertrauen mag? Oder was, wenn man sich gerade von den liebsten Menschen links liegengelassen, verlassen oder verraten fühlt? Was, wenn man nichts anderes mehr als qualvolle Ohnmacht spürt?

Sich Gott anvertrauen

Als der Beter des Psalms – auch er überzeugt, keinem Menschen mehr trauen zu können – sich keinen Rat mehr wußte, hat er offensichtlich angefangen, Gott sein Leid zu klagen, ihn um Hilfe und Rettung anzuflehen. Und während er das tut, spürt er: Hier darf ich mein Niedergeschmettertsein zugeben, meine ganze Verzweiflung herausschreien. Vor Gott darf ich stöhnen, stammeln und hadern. Und wie erleichternd mag er es empfunden haben, einmal die Fassung zu verlieren, sich gehen lassen zu dürfen, ohne schiefe oder mitleidige Blicke dafür zu ernten!

Gott hört

Doch darüber hinaus macht er die Erfahrung, daß Gott sein Beten nicht nur registriert, sondern ihm wirklich zuhört, sich ihm zuwendet und hilft. Für ihn erweist sich Gott als not-wendend. Seine Situation verändert sich wirklich zum Guten – so scheint es uns zumindest, wenn wir den Psalm hören, und so möchten wir es für unser persönliches Leben nur zu gern haben!

Aber wenn das nicht geht?! Vielleicht, daß Gottes Hilfe sich anders zeigt? Vielleicht mag es uns schon genügen, uns ausweinen zu können. Vielleicht wird uns durch den Ausbruch der Emotionen der Kopf wieder klar, und wir sehen plötzlich Möglichkeiten und Auswege, die wir zuvor gar nicht wahrgenommen haben. Vielleicht, daß wir uns nicht mehr allein, sondern auf unerklärliche Weise „wenigstens" von Gott angenommen fühlen. Vielleicht, daß wir uns wie befreit fühlen; weil wir unsere Last aus den eigenen in die Hände des Größeren gelegt haben.

Gott ist da

Wie auch immer der Beter des Psalms es erlebt haben mag, aus seiner Erfahrung wächst die Überzeugung: „Gott ist für mich da! Sein Name, den er schon den Vätern verheißen hat, ‚Ich bin da', hat sich auch an mir als zutreffend erwiesen. Gott will, daß ich lebe!" Und so wird er sich in seiner Beziehung zu Gott bestätigt und gestärkt fühlen, in ihr einen festen Grund für die Zukunft finden, aus der er immer wieder neu Hoffnung schöpfen kann.

Daß auch wir solche Erfahrungen machen und kräftige Wurzeln in Gott schlagen können, wünsche ich Ihnen und mir von Herzen!

FRANZ TRAUTMANN

Psalm 118

Trotz allem wollen wir Gott loben

Die Menschen der Bibel scheinen anders gedacht zu haben als wir heute. Ihre Sprache und ihre Vorstellungen lassen sich mit den unsrigen zunächst nicht vergleichen. Jene Menschen sprachen mit Gott noch auf eine direkte Weise, wie die meisten von uns es im profanen Alltag nicht mehr können; bestenfalls im kirchlichen Gottesdienst redet man noch so. Wie sollten wir auch mit einem Gott reden, der unsichtbar bleibt? So fällt es uns vielfach schwer, Gott an-zusprechen, ihn gar zu loben.

Doch immerhin – auch wir reden mit Abwesenden. Wir kennen Jugendliche, die in ihrem Tagebuch mit einem lieben Menschen sprechen, dem sie ihre Zuneigung (noch) nicht direkt zu bekennen wagen, vielleicht auch, weil er ihre Liebe enttäuschte. Auf dem Friedhof begegnen wir alten Menschen, versunken ins stille, zuweilen halblaute Zwiegespräch mit dem verstorbenen Partner. Jeder von uns hält ab und zu äußerlich unhörbare Gespräche, um mit einem anderen gewissermaßen in Kontakt zu treten. So ist der Psalm ein Gespräch mit Gott, den zwar der Glaubende anwesend weiß, der jedoch für viele andere „weit weg" und unerreichbar scheint.

Sich erinnern, was war …

Wenn der gläubige Israelit mit diesem Psalmlied 118 auf den Lippen den Tempelbezirk betrat, ließ er seine Gedanken rückwärts schweifen. Er erinnerte sich an früher: „Mein Vater war ein heimatloser Aramäer. Er lebte mit wenigen Leuten als Fremder in Ägypten. Dort wurden wir schlecht behandelt, man legte uns harte Fronarbeit auf. In unserer Not schrien wir zum Herrn" (vgl. Dtn 26). – Diese Situation ist uns nicht fremd. Auch wir kennen viel Leid in unserem Leben – neben mancher Freude. Die Biographie eines jeden ist von schwarzen Flecken geprägt. Im engen persönlichen Umfeld wie im weiten gesellschaftlichen Bereich finden sich Zeiten und Anlässe erlebter Sinnlosigkeit und tiefer Verzweiflung. „Da schrien wir in unserer Not zum Herrn." Ob hier ein Unterschied zu früher liegt: Wen haben wir, zu dem wir unsere Not hinausschreien können?

Loblied in der Gemeinde beim Gottesdienst

Der Kern des Psalms 118 ist ein Loblied des einzelnen, mit eingefügten Strophen der ganzen Gemeinde. Es ist ein Prozessionslied, gesungen vom einzelnen im Tanzschritt, mit Zweigen in den Händen, beim Einzug durch das Tor in den Tempelbezirk, angereichert vom Wechselgesang der Chöre. Es mag ein festgefügter Refrain gewesen sein: „Danket dem Herrn, denn er ist gütig; denn seine Huld währt ewig" (VV. 1.2b.3b.4b.29; ähnlich Ps 136). Die Gründe für diesen Jubel liegen in der Lebensgeschichte des einzelnen, auch in der Vergangenheit des ganzen Volkes.

Auf welche Erfahrungen wird zurückgeblickt? Welche Gefahren und Sorgen waren es, die den Sänger umstellt, ihn zutiefst geängstigt haben? War er vielleicht im Gefängnis gewesen (V. 5)? Mußte er etwa auf einer Reise bedrohliche Situationen überstehen (VV. 10ff)? War er schwerkrank (V. 17f)? Oder sollten wir die äußeren Nöte als Ausdruck der inneren Verzweiflung deuten? Solche Erfahrungen sind uns keineswegs fremd. Jeder kann sie persönlich ergänzen. Welche Erfahrungen schließlich hatten aber die positive Wende bewirkt, so daß der Verfasser nun in den Versen 8–9 ausrufen kann: „Besser ist, sich beim Herrn zu bergen, als auf Menschen zu setzen. Besser auf den Herrn als auf Fürsten zu bauen?" (vgl. Ps 11). – Gut für ihn, wenn er so vertrauensvoll sprechen kann. Nicht jeder von uns wird in dieses fromme Loblied einstimmen wollen.

Können wir nach all dem noch Gott loben vor unseren Zeitgenossen?

Der Sänger des Psalms 118 ist durchaus ein Realist. Er kennt das Leben. Er nimmt deutlich Bezug auf die schweren Stunden, auf die Niedergeschlagenheit und die depressiven Stimmungen, denen niemand entfliehen kann. Doch er bleibt nicht bei seiner Verzweiflung stehen. Woher, ja woher nimmt er seine Kraft, trotz allem nicht zu verzweifeln? Mächtige Fürsten damals und strahlende Stars heute helfen letztlich nicht. Selbst liebende Freunde sind uns nicht immer hilfreich zur Seite, sind zuweilen ohnmächtig.

Offensichtlich nimmt der Psalmsänger den entscheidenden Halt aus seinem Glauben: „Da schrien wir in unserer Not zum Herrn." Von hier, vermutlich nur von hier, wächst ihm die Überzeugung zu, daß es sich „trotz allem" zu leben lohnt. Zumindest kommen ihm all die kleinen Hilfen, die er erfahren durfte, im letzten von Gott her. In ihm weiß er sich zutiefst geborgen. Davon ist er so überzeugt, daß er allen laut kundtut: „Danket dem Herrn, denn er ist gütig; denn seine Huld währt ewig." Trotz aller Not singt er öffentlich vor seinen Zeitgenossen das Loblied auf seinen Gott.

... trotzdem Gott loben

Wir haben es wohl nicht selbst in der Hand, ob unser Lebensoptimismus eines Tages zwischen unseren Fingern zerrinnt. Niemals dürfen wir einen als lebensuntauglich verachten, der in seiner Depression und Verzweiflung ertrinkt. Das naive Urvertrauen dem Leben gegenüber, das wir als kleine Kinder aufgrund der Nähe unserer Eltern gewonnen hatten, das sich in späteren Jahren wegen unserer gesunden Lebensneugier und wegen guter Kontakte mit Freunden festigte, wird im Laufe der Jahre zuweilen brüchig. Verunsichert fragen wir, ob wir tatsächlich lebenstüchtig sind, ob das Chaos und das Lebensfeindliche nicht in uns obsiegen, ob alles wirklich zutiefst sinnvoll ist.

Nicht bei jedem ist es so, daß sein Vertrauen zu sich und seinen Mitmenschen – trotz Glaubensbereitschaft – auch zu einem Halt gebenden Gottvertrauen weiterführt. Spätestens im Leid türmen sich die Lebenszweifel wie eine unüberwindbare Felswand auf. Letztlich bleibt es auch für den Glaubenden ein Wagnis, sein Vertrauen festzumachen an einem rettenden Gott. Vielleicht kann uns der Lebensmut eines anderen stützen, der seine Überzeugung so einfach hinausruft: „Danket dem Herr, denn er ist gütig; denn seine Huld währt ewig." Dies mag uns nachdenklich und erwartungsoffen stimmen. Ob auch wir in dieses Loblied einstimmen sollten?

HERMANN JOSEF COENEN

Psalm 121

Behütet sein

Nur Fragezeichen?

Manchmal – ich gebe es ehrlich zu – kann ich diesen Psalm nicht beten. Da fehlt mir die innere Sicherheit und das Gottvertrauen des alttestamentlichen Beters. Manchmal komme ich nicht über den ersten Vers hinaus. *„Ich hebe meine Augen zu den Bergen. Woher wird mir Hilfe kommen?"* Ich weiß natürlich, daß Gott nicht „oben" wohnt, weiß auch, daß Hilfe – wenn überhaupt – eher von der Seite kommt, von einem hilfreichen Menschen neben mir.

Ich wohne im Ruhrgebiet, also in einer Gegend ohne Berge. Und doch tue ich in meiner Hilflosigkeit und Not das Gleiche wie der erste Beter dieses Psalms vor 2500 Jahren: *Ich hebe meine Augen zu den Bergen,* d. h. ich schaue nach „oben" aus meiner Tiefe, de profundis, und wimmere oder schreie laut meine Klage, meine Anklage, mein SOS heraus aus dem tiefen Loch meiner Angst oder Depression, in der ich stecke. *Woher wird mir Hilfe kommen?* Von der Sozialstation? Von der Nachtschwester? Von meinem Sohn? Oder vom Arbeitsgericht? Manchmal, wenn ich „ganz unten" bin, gibt es für mich nur das Fragezeichen des ersten Psalmverses.

Jahwe: der, der da ist

Doch es gibt andere Tage und Stunden, da kann ich den Psalm weiterbeten. Und mit jedem Vers und mit jedem der starken, tröstlichen Bilder wächst mein eigenes Vertrauen. *„Meine Hilfe kommt vom Herrn, der Himmel und Erde gemacht hat."* Da fällt mir ein, wie oft ich früher schon als kleiner Meßdiener und später dann als Priester diesen Vers auf Lateinisch gebetet habe: Adiutorium nostrum in nomine domini … „Unsere Hilfe ist im Namen des Herrn."

Und als Theologe weiß ich, daß das blasse deutsche Wort „Herr" für den jüdischen Beter gefüllt ist mit dem Gottesnamen „Jahwe". So hat Gott selbst dem Mose im brennenden Dornbusch seinen Namen geoffenbart: „Ich bin Jahwe, d. h. der, der da ist." Dieser Name Jahwe ist eine Zusage und eine Verheißung: Er ist da. Auch für mich. Auch dann, wenn ich ganz unten bin und Hilfe brauche.

Mein Lebensschicksal in Gottes Hand

Dieser Gott, zu dem ich rufe, ist zugleich der Schöpfergott, der die imponierende Bergwelt geschaffen hat mit Vulkanen und Gletschern, Almen und Blumen ...; die Tiefsee mit ihren Korallenbänken und bizarren Fischen und den kosmischen Raum, wo die Sterne ihre Bahn ziehen ... Dieser große Schöpfergott ist sich nicht zu schade, sich um mein kleines persönliches Lebensschicksal zu kümmern. *Er läßt deinen Fuß nicht wanken. Er, der dich behütet, schläft nicht. Der Herr ist dein Hüter, der Herr gibt dir Schatten. Er steht dir zur Seite ...*

Lauter Bilder, die mein zaghaftes Vertrauen wecken und stärken. Wer wünscht sich das nicht: festen Halt für seine Füße, nicht ausrutschen, nicht stolpern, nicht fallen, kein Fehltritt, kein Oberschenkelhalsbruch ... Behütet sein, beschützt, begleitet ... „Von guten Mächten wunderbar geborgen ..." So wie damals auf dem Schutzengelbild in meinem Kinderzimmer: „Zwei zu meinen Häupten, zwei zu meinen Füßen ..."

Behütet sein

Sie mögen dieses Bild für naiv und kitschig halten. Aber die Psychologen sagen uns, daß es zu den tiefsten Urwünschen des Menschen gehört, geborgen zu sein, Urvertrauen haben zu können. Und genau das sagt uns dieser alte Psalm: Auch wenn du leben mußt in einer friedlosen, unbehausten Welt, vielleicht auch persönlich im Augenblick in einer ganz schwierigen und kritischen Lebenssituation: Du bist nicht allein. *„Er steht dir zur Seite."* Der, zu dem du rufst im Gebet, heißt „Jahwe". Und er löst seinen Namen ein: „Ich bin da." Ob du *„fortgehst oder wiederkommst"*, ob du auf Pilgerfahrt bist nach Jerusalem oder Santiago, ob du ins Krankenhaus mußt zu einer schwierigen Operation, ob deine einzige Tochter zu Hause auszieht und heiratet, ob du umziehen mußt in eine neue, fremde Umgebung: *„Der Herr behütet dich, wenn du fortgehst und wiederkommst."*

Auch heute noch?

Die Bibelwissenschaftler sagen, dieser Psalm sei ursprünglich ein altes Pilgerlied gewesen zur Tempelwallfahrt. Oder er sei in Jerusalem von zwei Wechselchören gesungen worden bei der Tempelliturgie. Wie dem auch sei. Ob er heute gebetet wird von einem gläubigen Rabbi in Israel oder von christlichen Mönchen gesungen im Vespergottesdienst des Klosters, oder ob ich ihn als mein persönliches Abendgebet spreche vor dem Einschlafen: In den alten Worten und Bildern steckt unglaublich viel Kraft – über Jahrhunderte hinweg.

Probieren Sie es selbst aus. Vielleicht nehmen Sie einfach einen Vers oder Halbvers des Psalms heraus als eine Art Tageslosung und wiederholen ihn den Tag über immer wieder. Beim Aufstehen, beim Warten auf den Bus, beim Kochen, auf dem Heimweg von der Arbeit, nach der Tagesschau. Kauen Sie solch ein Psalmwort lange und immer wieder, wie ein Meditations-Mantra. Dann wird sich zeigen, dann werden Sie selbst spüren, ob es taugt – oder nicht. Ob man von solch einem Wort leben kann. Vielleicht nehmen Sie den Vers: „*Unsere Hilfe ist im Namen des Herrn.*“

FERDINAND KERSTIENS

Psalm 122

Friede für Jerusalem

Jerusalem – Sehnsucht der Pilger durch die Jahrtausende. Jerusalem – Ort der Auseinandersetzung und der Intrigen, der Gewalt und des Blutvergießens ebenfalls durch die Jahrtausende, viele Male erobert, zerstört und wieder aufgebaut. Jerusalem – Heilige Stadt der Juden, der Christen und der Muslime.

Jerusalem – Stadt der Geschichte

Als wir mit einer Gruppe unserer Gemeinde bei einer Israelfahrt nach Jerusalem kamen, haben wir diesen Psalm gelesen: *„Ich freute mich, als man mir sagte: ‚Zum Hause des Herrn wollen wir pilgern!' Schon stehen wir in deinen Toren, Jerusalem."* Es geht auch heute noch eine eigentümliche Faszination aus von dieser Stadt. Der Tempelberg mit dem Felsendom und der Moschee, die Westmauer des alten Tempels der Juden, die Grabeskirche. Hier ist die lange Geschichte dieser Stadt greifbar, die Geschichte der Gottsuche, Kulturgeschichte, Menschheitsgeschichte. Man fühlt sich einbezogen in einen Weg, der noch nicht zu Ende ist, der hoffentlich – gerade angesichts der gegenwärtigen Auseinandersetzungen – in eine friedliche Zukunft führt.

Jerusalem – Stadt des Friedens

> *„Erbittet für Jerusalem Frieden! Wer dich liebt, sei in dir geborgen! Friede wohne in deinen Mauern, in deinen Häusern Geborgenheit. Wegen meiner Brüder und Freunde will ich sagen: In dir sei Friede!"*

Jerusalem, Stadt des Friedens! Der zweite Teil des Namens weist darauf hin: salem, Schalom, Frieden im umfassenden Sinne, Frieden, der mehr ist als das Schweigen der Waffen, Frieden, der alle Menschen leben läßt, miteinander und geborgen in den Häusern. *„Wer dich liebt, sei in dir geborgen."* Gilt das heute nicht für Israelis und Palästinenser, für Juden, Christen und Muslime? Wer heute nach Jerusalem kommt und diesen Psalm betet, für den werden Gräben überbrückbar; Feindschaften verlieren ihren Sinn und ihre Berechtigung und über aller Zerrissenheit – auch der verschiedenen Kirchen! – wird ein Gott ahnbar, der größer ist als alle unsere Bilder von ihm! Ein Gott, der Frieden und Heil will für alle Menschen! Wer diese Stadt liebt, der kann nicht anders, als ihr den Frieden dieses Gottes zu wünschen und sich dafür einzusetzen.

Jerusalem damals

Wie mag es damals gewesen sein, als die ersten Beter dieses Psalms Jerusalems ansichtig wurden? Vielleicht war es schon in der Zeit vor dem Exil, als noch der erste Salomonische Tempel stand. Vielleicht kamen sie aus dem Norden aus Galiläa, oder von der Küste, oder aus der Wüste. Das Ziel war der Tempel, das Haus Gottes, nicht so sehr die Stadt weltlicher Herrschaft. Gewiß, in Jerusalem herrschte lange das judäische Königshaus. Aber Jerusalem blieb das Ziel aller Pilgerwege auch in Zeiten politischer Ohnmacht und wechselnder Herrschaften. Es blieb das Ziel der Träume, der Hoffnungen und Gebete auch im Exil: Alle Völker der Welt werden am Ende zu diesem Heiligtum pilgern!

Die Pilger auf dem Weg nach Jerusalem waren schon Teil dieser endzeitlichen Pilgerschaft aller Völker zum Heiligtum. Der Einzug in Jerusalem war schon etwas wie der Einzug in die Herrlichkeit Gottes. Seine Herrschaft wird kommen, und damit Gerechtigkeit für die Armen, die Witwen und Waisen, und Friede für alle Menschen! Auch Jesus, die Jünger und die Umstehenden hat etwas davon erfüllt bei seinem Einzug auf dem Rücken einer Eselin. Gottes Herrschaft kommt!

Zerstörung Jerusalems

Da können wir etwas ahnen von der Trauer und der Glaubensprüfung, die die Zerstörung Jerusalems für Israel bedeutete! Doch die Kraft der Sehnsucht und das Vertrauen auf Gott, der in dieser Stadt erfahrbar wird, haben die Juden durch die Jahrhunderte nicht verlassen.

Als in diesem Jahrhundert die Rückkehr ins gelobte Land wieder greifbar wurde, da wurde die Hoffnung wieder lebendig. Ein Lied aus der Kampfeszeit macht das deutlich: *„Ihr Mächtigen, ich will nicht singen eurem tauben Ohr. Zions Lied hab ich vergraben in meinen Wunden groß. Ich halte meine Augen offen, liegt die Stadt auch fern. In die Hand hat Gott versprochen, er führt uns endlich heim.“* Und dann, fast mit den Worten unseres Psalms: *„In deinen Toren werd ich stehen, du freie Stadt Jerusalem. In deinen Toren kann ich atmen, erwacht mein Lied.“*

Friedenshoffnung für Jerusalem heute

Wir verstehen den Willen der Juden, Jerusalem nach dieser langen Leidensgeschichte nicht mehr zu verlassen. Ich denke, sie brauchen es nicht zu lassen, aber sie müssen es mit anderen teilen, nicht teilen nach Straßenzügen und Stadtvierteln, getrennt durch Mauern und Maschinengewehre, sondern teilen im Glauben mit den Christen und den Muslimen, teilen mit den Palästinensern, die eine ebenso lange Geschichte mit dieser Stadt verbindet. Es gibt viele kleine Friedensgruppen in Israel und Palästina, die sich darum bemühen. Nur dann kann der Friedenswunsch dieses Psalms sich anfanghaft erfüllen.

Doch wir Christen können dies nur von den Juden und von den Muslimen erbitten, wenn wir selbst unsere Streitigkeiten untereinander überwinden, wenn wir mit den anderen christlichen Kirchen friedensfähig werden in Jerusalem und in der ganzen Welt.

Könnte Jerusalem nicht gerade heute zum Ort des Friedens werden, zum Zeichen unter den Völkern, zum Zeichen, daß Frieden möglich ist mitten im Gewirr politischer und religiöser Interessen? Unsere Welt braucht solche Zeichen des Friedens!

So hören und beten wir zum Abschluß noch einmal den ganzen Psalm:

„Ich freute mich, als man mir sagte:
‚Zum Hause des Herrn wollen wir pilgern.‘
Schon stehen wir in deinen Toren, Jerusalem:
Jerusalem, du starke Stadt,
dicht gebaut und festgefügt.
Dorthin ziehen die Stämme hinauf, die Stämme des Herrn,
wie es Israel geboten ist,
den Namen des Herrn zu preisen.
Denn dort stehen die Throne bereit für das Gericht,
die Throne des Hauses David.

Erbittet für Jerusalem Frieden!
Wer dich liebt, sei in dir geborgen.
Friede wohne in deinen Mauern,
in deinen Häusern Geborgenheit.
Wegen meiner Brüder und Freunde
will ich sagen: In dir sei Friede.
Wegen des Hauses des Herrn, unseres Gottes,
will ich dir Glück erflehen."

Gott möge es schenken, zum Heil der Menschen und zu seiner Ehre!

WOLFGANG WIELAND

Psalm 126

Kleines Mädchen Hoffnung

Ein Psalm voller Spannung

„Die mit Tränen säen, werden mit Jubel ernten." – Der Psalm läßt uns Anteil haben an einem Leben voller Spannung: Wir hören Menschen aus vollem Herzen lachen und jubeln, dann aber plötzlich klagen und weinen. Wir sehen ausgetrocknetes, unfruchtbares Land, das nur noch von den Tränen der Menschen befeuchtet wird. Und wir sehen Menschen, die trotzdem, unter Tränen der Trauer, die Saat auswerfen. Und schon wird uns ein Gegenbild vor Augen gestellt: Menschen, die ihre Garben in überschwenglicher Erntefreude heimtragen. Wir sehen aber auch die Psalmbeter, die selber gerade keine Ernte heimfahren, sondern sich und ihr Leben wie einen ausgetrockneten Bach und wie unfruchtbare Wüste erleben.

Erinnerung an erfahrenes Glück

Gerade in dieser Situation erinnern sich die Menschen an früher erfahrenes Glück: Damals in Babylon, als das Volk Israel am Boden zerstört war und doch wider alles Erwarten die große Wende kam, damals als fast niemand mehr daran glaubte, daß wir und unser Glaube eine Zukunft haben könnten, und dann doch ein ganz überraschender Aufbruch geschah, ja damals ... Das war wie im Traum. Neues Leben brach auf. Ein neues Leben begann. Gott war da und brachte neuen Schwung in sein Volk. Volk Gottes, Kirche Gottes, wie bist du schön, so sagten wir damals. Aber der Traum von damals ist verflogen, die Hoffnung von damals wie eine Seifenblase zerplatzt, die Wende von damals im Sande verlaufen, der Aufbruch von damals erstarrt.

Aber gerade wegen dieser erneut trostlosen Situation kommt die Erinnerung. Menschen erinnern sich an ihren Traum. Diese Erinnerung schmerzt. Sie macht den Kontrast zwischen Traum und Wirklichkeit erst spürbar. Sie macht die Enttäuschung erst recht bewußt. Sie läßt an der Wirklichkeit erst recht leiden. Und was wird daraus?

Treibt die Erinnerung die Menschen nicht in Verbitterung und Resignation? Nein, das Gegenteil ist der Fall. Die Erinnerung mobilisiert neue Kräfte. Die Erinnerung hilft, daß sich Menschen mit dem traurigen Alltag nicht abfinden, sondern dagegen klagen und gegenanweinen: „Wende doch, Herr, unser Geschick!" Die Erinnerung öffnet Menschen für neues Leben. Sie löst Erstarrung und Resignation. Sie gibt in der Sprachlosigkeit Sprache. Sie öffnet den Mund für den Notschrei, für die Klage, und darin das Herz für den Glauben an eine Wende trotz alledem: „Die mit Tränen säen, werden mit Jubel ernten. Sie gehen hin unter Tränen und streuen die Saat; jubelnd kommen sie heim und tragen ihre Garben."

Im Lauf der Jahrhunderte ist dieser Psalm zum typisch jüdischen Psalm geworden: Die Erinnerung an erfahrenes Heil, an die großen in der Bibel bezeugten Aufbrüche und Befreiungen, hat dieses Volk am Leben erhalten und seine Hoffnung gegen alle Hoffnungslosigkeit mobilisiert. Und so haben Juden diesen Psalm gebetet in Verbannung und Diaspora, in Verfolgung und Vernichtung, in Auschwitz. Und auch Christen haben mit diesem Psalm die Hoffnung in sich am Leben gehalten, dieses „kleine Mädchen Hoffnung", ohne das Leben nicht möglich ist. Soldaten haben ihn vor 50 Jahren in der Kriegsgefangenschaft gebetet; und heute noch ist er das Leitmotiv von Bethel, jener evangelischen „Stadt der Barmherzigkeit" für Epileptiker und psychisch behinderte Menschen, und wird dort jedes Jahr zum Jahresfest vom Krankenchor gesungen. Was würde es wohl bedeuten, wenn die vergewaltigten Frauen von Bosnien in einem gewaltigen Chor diesen Psalm hinausschrien? Was würde es bedeuten, wenn wir selber in den vielen verfahrenen Situationen unseres Lebens unsere Zuflucht in diesem Psalm suchten?

Wer keinen Mut zum Träumen hat, hat auch keine Kraft zum Kämpfen

Wäre es Flucht, Flucht aus der trostlosen Gegenwart in ein illusionäres Traumbild? Hält der Traum des Psalms nicht davon ab, mit den harten Gegebenheiten des Alltags zu leben? Was soll der Traum vom Frieden inmitten von Krieg? Was soll der Traum von Heimat und Geborgenheit inmitten von Vertreibung und Asylsuche? Was soll der Traum der Bergpredigt von einer geschwisterlichen Welt ohne Gewalt und Rivalität inmitten einer Welt, die von Gewalt und Rivalität voll ist? Verändert der Traum etwas?

Ja, dieser Traum hat verändernde Kraft. Wer keinen Mut zum Träumen hat, hat auch keine Kraft zum Kämpfen, heißt es. Der Traum stiftet uns an, uns nicht abzufinden mit dem scheinbar unabänderlichen Status quo, sondern zu glauben, daß noch vieles möglich ist. Das schafft Freiheit, mobilisiert die Phantasie und gibt Kraft. Der Traum stellt die vermeintlichen Realitäten in Frage und schafft einen offenen Raum, in dem etwas Neues wachsen kann. Der Traum, den der Psalm uns vorträumt, verändert uns selbst. Er weckt tief in uns Sehnsüchte, die vielleicht verschüttet waren. Manches von unserer großen Sehnsucht droht nämlich immer wieder unter dem Druck der Wirklichkeit zu ganz kleinen Sehnsüchten zu verkümmern, die z. B. durch das, was man kaufen kann, befriedigt werden können. Manchmal geschieht es auch, daß wir selber unsere große Hoffnung und Sehnsucht dämpfen, denn es scheint oft leichter zu sein, mit weniger Sehnsucht zu leben.

Wenn ich z. B. von der Beziehung zu anderen Menschen nur ganz wenig oder gar nichts erwarte, macht mich das auch weniger empfindsam für Verletzungen und Enttäuschungen. Wenn ich meinen Frieden habe, in dem ich mich vom Krieg nebenan in Bosnien, von Berichten mißhandelter und sexuell mißbrauchter Kinder hier bei uns oder von der zunehmenden Gewalttätigkeit unserer Gesellschaft insgesamt nicht stören lasse, dann ist das ein kleiner, aber eben auch bequemer Frieden. Zur Sehnsucht gehört: hungern und dürsten, hoffen und trauern darüber, daß so viele tiefe Sehnsucht unerfüllt bleibt. Wirkliche Sehnsucht läßt leiden, wird aber gerade so zur Quelle einer Unruhe, die etwas in Bewegung bringt und verändert.

Unser Psalm sagt: Traumzeit ist Saatzeit. Am Traum der eigenen Glaubensgeschichte festhalten und deshalb um das zerstörte Leben weinen und nach ganzem, wiederhergestelltem Leben schreien: Das bereitet den Boden für die Saat. Wer weint, weint um die Veränderung der Welt. Tränen sind Saatkörner. Aus Tränen wächst etwas. Der Traum des Psalms schafft Raum für eine fruchtbare Hoffnung: Im vertrockneten Bachbett wird wieder Wasser fließen und Leben sprießen. Aus den Tränen, die um das verheißene, aber jetzt noch oder wieder verwüstete Leben geweint werden, wächst eine Ernte. „Das Samenkorn, das in die Erde fällt und stirbt, bleibt nicht allein; es trägt viele Frucht“ (Joh 12,24).

Träumen wir wirklich den Traum des Psalms?

Der Traum wird so plötzlich für uns zur Herausforderung und Anfrage: Wo ist der Traum des Psalms in unserem Leben? Haben wir ihn überhaupt in unser Leben hereingelassen? Haben wir uns wirklich von diesem Traum erfassen und leiten lassen? Träumen wir den Traum Gottes, den Traum, den Jesus Christus gelebt hat und der er selber war? Wenn wir diesen Traum träumten, von ganzem Herzen, von ganzer Seele und mit all unseren Kräften, dann würde etwas von dem Wirklichkeit werden, woran sich der Psalm erinnert: „Da war unser Mund voll Lachen und unsere Zunge voll Jubel; da sagte man unter den anderen Völkern: Der Herr hat an ihnen Großes getan! Ja, Großes hat der Herr an uns getan! Wir sind mit Freude erfüllt."

RAINER DILLMANN

Psalm 129

Wider die Resignation

In unserem Bibelkreis, der bereits seit ca. 8 Jahren besteht, taucht immer wieder die besorgte Frage auf: Wie soll es mit dieser Kirche weitergehen? Die Generation unter 40 ist nur wenig vertreten. Auch in unserem Bibelkreis fehlt sie. Vieles scheint auseinanderzudriften, und die wenigen, die sich engagieren, fühlen sich überlastet und immer einsamer. Mitglieder des Diözesanpastoralrates verspürten am Ende ihrer Amtszeit eine „starke Resignation, die nach unten zieht…". Viele gehen oder bleiben lautlos weg. Und trotz verschiedener Aufbrüche scheint bei vielen die Überzeugung zu wachsen, die Kirche habe keine Zukunft mehr.

Solche Resignation ist nicht nur Kennzeichen unserer Zeit. Sie scheint ein ständiger Begleiter in der Geschichte der Kirche. In meiner über 25jährigen Tätigkeit im kirchlichen Dienst ist mir diese Haltung immer wieder begegnet; und oft schien es unmöglich, dieser Resignation die Hoffnung des Glaubens entgegenzusetzen. Was mir persönlich über solche Stunden und Zeiten hinweghalf, waren biblische Texte wie Psalm 129. Die dort geschilderten Erfahrungen des Beters und seine Bewältigung der Krise gaben mir Impulse, mit der eigenen Glaubenskrise umzugehen.

Not ist vielfältig und vielgestaltig

Aus den Worten des Psalmisten spricht vielfältige, anhaltende Not. Die Bilder sind dem bäuerlichen Leben entnommen und lassen auf harte Feldarbeit und Ausbeutung durch Großgrundbesitzer schließen. Der Beter fühlt sich Ausbeutern und Menschenverächtern ausgeliefert. Die Wunden, die sie gerissen, sitzen tief und haben ihre Narben hinterlassen. *„Auf meinem Rücken haben Pflüger gepflügt und lange Furchen gezogen"*.

Die Bilder sind offen. Sie weisen über die damalige Situation hinaus. Viele konkrete Nöte und Bedrängnisse sind darin aufgehoben. Sie können unsere Nöte und Sorgen um die Kirche in gleicher Weise aufnehmen – gerade dann, wenn wir das Gefühl haben, unendlich viel getan, aber nichts erreicht zu haben, oder zwischen allen Fronten zu stehen und dort zerrieben zu werden. Die psychische Belastung wächst und droht, uns zu zerreißen.

Die Hoffnung nicht aufgeben

Trotz seines Elends hat der Psalmbeter die Hoffnung nicht aufgegeben: *„Sie haben mich oft bedrängt, doch sie konnten mich nicht bezwingen."* Dies zeichnet ihn aus gegenüber manchem, der in Sorge um die Kirche dort keine Zukunft mehr sieht und ihr deshalb den Rücken kehrt; aber auch gegenüber jenen, die längst resigniert und sich in ein selbstgewähltes Ghetto zurückgezogen haben.

Was dem Psalmisten die schier übermenschliche Kraft der Hoffnung gibt, ist sein Vertrauen auf Gott. Dieses Vertrauen hat ihn befähigt, seine Leiden, die fast sein ganzes Leben – „von Jugend an" – kennzeichnen, zu tragen und die Glaubens- und Lebenskrise, in die ihn seine Not stürzte, zu bewältigen und nicht daran zu scheitern. Dabei ist er fern von jeglichem Fatalismus oder aller Leidensmystik. Was ihm half zu überleben, war die Überzeugung: Jahwe ist gerecht; er zerreißt die Stricke der Frevler.

Diese Überzeugung ist nun zur Gewißheit geworden. Der Beter schaut zurück auf Elend und Not, aus der ihn Jahwe herausgeführt hat. Hier unterscheidet sich seine Situation von der unsrigen. Der Beter blickt zurück auf seine Leiden; uns stellen sich Fragen nach der Zukunft der Kirche. Was für den Psalmbeter zur Gewißheit geworden ist, bleibt für uns eine Herausforderung. Gerade weil wir in unseren Sorgen und Nöten fast ersticken, sollten wir uns von dieser befreienden Erfahrung anstecken lassen und die eigene Hoffnung nicht aufgeben.

Die Hoffnung wächst, wenn sie gemeinsam getragen wird. Auch dies hat der Psalmist erfahren. Zwar berichtet er von seiner ganz persönlichen Krise, aber er weiß sich darin eins mit dem ganzen Gottesvolk: „So soll Israel sprechen."

Mit allen Sinnen vor Gott treten

Die letzten Verse des Psalms bereiten vielen Christen Schwierigkeiten. Wir sollten sie jedoch nicht vorschnell als ein durch Christus überwundenes Relikt alttestamentlicher Gottesvorstellungen abtun. Diesen Versen liegt eine tiefe menschliche Erfahrung zugrunde.

Die Überwindung von Not und Elend kann nur Bestand haben, wenn die Ursachen aufgedeckt und beseitigt werden. Deshalb bittet der Beter Gott um die Vernichtung seiner Feinde. Er erwartet von Gott, daß dieser nicht nur hier und jetzt Abhilfe schafft, sondern Not und Elend ein für allemal ein Ende setzt. Dem Wunsch des Beters liegt aber auch die Erfahrung zugrunde, daß diejenigen, die rücksichtslos mit anderen umgehen, letztlich ihren eigenen Untergang bereiten. Wer Menschen ausbeutet, sie bedrängt, ins Elend stürzt und ihnen die Hoffnung raubt, auf dessen Tun kann Gottes Segen nicht ruhen.

Indem der Beter dies ausspricht, bringt er seine innersten Gedanken vor Gott. Er bekennt sich mit allen Fasern seines Lebens zu seinem Gott; er scheut sich nicht, auch seine dunklen Gedanken in diese Gottesbeziehung einzubringen. Dies macht ihn glaubwürdig und verschafft ihm ein „reines Herz" vor Gott.

Wer Resignation überwinden will, muß Auseinandersetzung zulassen. Es ist wichtig, das beim Namen zu nennen, was belastet und Beziehungen vergiftet. Das setzt neue Kräfte frei; wir werden fähig, der sich ausbreitenden Resignation in der Kirche die Überzeugung von Gottes Treue zu den Menschen und seiner Kirche entgegenzusetzen.

NORBERT TILLMANN

Psalm 130

Bei dir ist Vergebung

Reif für die Insel

Während meiner Zeit als Seelsorger auf einer Nordseeinsel habe ich häufiger erlebt, daß Menschen vor allem in der stillen Jahreszeit auf die Insel kamen, um mit sich und ihrem Leben ins Reine zu kommen. Die Inseln haben sich im Herbst und Winter eine kontemplative Atmosphäre bewahrt, die es ermöglicht, Abstand von sich selbst zu gewinnen und aus den Verstrickungen des Alltags herauszufinden. In der Weite der Meereslandschaft relativieren sich die Maßstäbe unseres eigenen kleinen Lebens auf ihren wahren Stellenwert.

Weil ich mir als Seelsorger wünschte, daß unsere Gäste in ihrem Urlaub nicht nur leiblich, sondern auch geistlich aufleben konnten, lud ich in unserem Gemeindeschaukasten regelmäßig zu Gesprächen über Lebens- und Glaubensfragen ein. So kamen Menschen in Krisensituationen zu mir ins Pfarrhaus, nicht um zu beichten, sondern um zu reden. Was ich hörte, war meistens nicht erfreulich, sondern schrecklich: Kränkungen und Enttäuschungen, Verrat von Liebe und Freundschaft, rücksichtsloser Egoismus, Haß und Gewalt … Es ist kaum zu fassen, was Menschen sich gegenseitig antun können. Am Ende ist alles kaputt: zerstörte Beziehungen, zerstörte Familien, zerstörtes Leben.

Mehr als das Verklagen anderer haben mich die Selbstanklagen erschüttert. Diese Augenblicke, in denen ein verhärtetes Herz aufbricht, sind heilig. So schlimm die Vergehen auch waren, ich habe den konkreten Menschen, der sich vor mir auf schonungslose Weise selbst verklagte, niemals verachten können. Ich habe seine Trauer über das, was sich nicht mehr ungeschehen machen läßt, und seine Sehnsucht nach Vergebung gespürt und stets Mitleid und Zuneigung empfunden.

Wallfahrt nach Jerusalem

Das, was er oder sie sagte, klang wie der Schrei aus der Tiefe im alten Bußpsalm aus dem Wallfahrtsliederbuch der Israeliten:

Aus der Tiefe rufe ich, Herr, zu dir:
Herr, höre meine Stimme!
Würdest du, Herr, unsere Sünden beachten,
Herr, wer könnte bestehen?

Niemand weiß warum, aber schon immer steckt im Menschen ein rätselhafter Hang zum Bösen, zur Destruktivität, zur Zerstörung des Lebens. Doch das Unheil, das der Mensch im Kleinen wie im Großen über andere bringt, fällt auf ihn selbst zurück. Wer Unheil anrichtet, wird in seinem eigenen Innern selber unheil. Das Böse, das ich anderen zufüge, zieht mich selber mit hinab in die Tiefe. Doch wie kommt ein Schuldiggewordener aus diesem Unheilszusammenhang wieder heraus? Wer erlöst ihn aus den Untiefen, in die er sich selbst gebracht hat?

Menschen der Bibel – wie der Verfasser des 130. Psalms – haben sich mit der Last ihrer Sünden auf die Wallfahrt nach Jerusalem begeben, um JHWH um Erbarmen und Versöhnung zu bitten.

Bei dir ist Vergebung,
damit man in Ehrfurcht dir dient.
Beim Herrn ist die Huld,
bei ihm ist Erlösung in Fülle.

So lauten die beiden Kehrverse des alten Wallfahrtsliedes. Und am Ende wird dieses Vertrauen auf den vergebenden Gott sogar ins Kollektive erweitert:

Ja, er wird Israel erlösen
von all seinen Sünden.

Für die Menschen der Bibel bedeutete eine Wallfahrt Aufbruch und Umkehr und erneute bewußte Hinwendung zu JHWH und seinen Weisungen. Aus ihren Heiligen Schriften wußten die Wallfahrer, daß JHWH als Liebhaber des Lebens die Sünde haßt, aber nicht den Sünder. Der Sünder kann jederzeit umkehren vom eingeschlagenen Unheilsweg, der anderes und eigenes Leben schädigt und zerstört. Heilung von eingestandener Schuld kann aber nur geschehen durch Vergebung. Nicht die Strafe, nur die Vergebung kann uns retten und einen neuen Anfang ermöglichen.

Meine Seele wartet auf den Herrn
mehr als die Wächter auf den Morgen.

Welch eindrucksvolles Bild hat der Psalmendichter für die Sehnsucht eines schuldbeladenen Menschen nach einem neuen Anfang gefunden! In der Nacht seiner Schuld hofft der Beter auf einen neuen Morgen, an dem ihm das Licht der Versöhnung geschenkt wird.

Solidarisch mit den Sündern

Im Tempel von Jerusalem haben die biblischen Wallfahrer JHWH's Vergebungsbereitschaft erfahren und sind als erlöste Menschen in ihren Alltag zurückgekehrt. Dasselbe geschieht auch in christlichen Versöhnungsfeiern bis auf den heutigen Tag. Leider wurde die Beichte in der Vergangenheit als Instrument der Züchtigung und Demütigung mißbraucht und ist deshalb zu Recht in eine tiefe Krise geraten. Auf absehbare Zeit ist den meisten Gläubigen der Zugang zu diesem Sakrament durch innere Blockaden verwehrt. Unsere Beichtzimmer werden vorerst verwaist bleiben, aber Gespräche und Begegnungen, wie ich sie auf der Insel erlebte, wird es in unseren Gemeinden immer wieder geben.

Auch heute schreien Menschen am Nullpunkt ihres Lebens nach Erlösung. Vielleicht brauchen wir die Krise des Bußsakramentes, weil wir als Seelsorger und als Gemeinde die Solidarität mit den Sündern erst wieder lernen müssen. Vielleicht müssen wir vor allem erst wieder lernen, uns selber als Sünder anzunehmen. Menschen, die mit ihrem Leben ins Reine kommen wollen, gibt es viele, aber Gemeinden, in denen sie Annahme und Vergebungsbereitschaft erfahren, gibt es zu wenige (von der oft rigoros verurteilenden Amtskirche will ich gar nicht reden, obwohl solche Äußerungen die Versöhnungspastoral aufs Schwerste schädigen). Menschen müssen weite Wege zurücklegen, um einen Ort der Versöhnung zu finden. In Selbsthilfegruppen ist er vielleicht leichter zu finden als in unseren Gemeinden. Nur dort, wo ich mich traue, zu meiner Schuld zu stehen, weil ich Solidarität erfahre und mich als Sünder nicht verurteilt, sondern angenommen weiß, kann das Sakrament der Versöhnung als Feier der Befreiung und Heilung wiederentdeckt werden.

Neu anfangen dürfen

Umkehr und neues Leben wird möglich, wenn ein Mensch Vergebung erfährt – das haben wir in unserem Leben alle schon erfahren, auch wenn es womöglich schon lange zurückliegt. Zumindest aus unserer Kindheit wissen wir noch, wie befreiend es ist, wenn man einen Schlußstrich unter das Vergangene zieht, sich wieder verträgt und einen neuen Anfang macht. Wir fühlen uns erleichtert, wie neu geboren. Wir sind wieder ins Reine gekommen mit unserem Leben – es ist nicht mehr durch unsere Schuld vergiftet. Was für die Beziehung unter Menschen gilt, gilt genauso und vielleicht noch viel mehr für unsere Beziehung zu Gott. Gott schenkt Vergebung, nicht nur sieben-, sondern siebenundsiebzigmal, weil er nicht den Tod des Sünders will, sondern daß er umkehrt und lebt. Gott und Mensch sollen wieder Verbündete sein! Wir alle leben von solcher Vergebung, die die zerstörerische Macht der Sünde beseitigt. Deshalb können wir auch heute das alte Loblied auf den vergebungsbereiten Gott mitsingen:

Beim Herrn ist die Huld,
bei ihm ist Erlösung in Fülle.
Ja, er wird Israel erlösen
von all seinen Sünden.

Mit diesem Wallfahrtslied auf den Lippen, können wir aufbrechen, um uns zu versöhnen – mit uns selber, mit unserem Nächsten und mit Gott. Der Gott des Lebens kommt uns entgegen mit vergebungsbereiten offenen Armen – und niemand darf sich auf diesen Gott berufen, der einem Menschen, der Versöhnung sucht, die Vergebung verweigert.

In einer spanischen Wallfahrtskirche hängt ein bemerkenswertes Kreuz. Das Auffallende daran ist der rechte Arm des Gekreuzigten, der sich, vom Nagel gelöst, herabneigt. Dazu wird von einer Generation zur anderen folgende Geschichte überliefert: Unter diesem Kreuz beichtete ein Mann in aufrichtiger Reue seine zahlreichen schweren Sünden. Der Priester gab ihm die Lossprechung, bat ihn aber, in Zukunft nicht rückfällig zu werden. Der Mann war darum bemüht und blieb eine Zeitlang seinem Versprechen treu. Dann aber wurde er schwach. Wieder sprach ihn der Priester im Namen Gottes von seinen Sünden los. Als es dann aber die Gewohnheit einerseits und die menschliche Schwäche andererseits mit sich brachten, daß er wiederum schuldig wurde, zweifelte der Priester an der Echtheit seiner Reue und wollte ihm die Lossprechung verweigern. In diesem Augenblick habe der Gekreuzigte seine Hand vom Nagel gelöst und über jenem Mann das Zeichen der Erlösung gezeichnet. Dann wandte er sich dem Priester zu und sagte: „Du hast nicht dein Blut für ihn vergossen!“

KIRSTEN SCHWELLENBACH

Psalm 137

Brief eines Jerusalemers im Babylonischen Exil

Ich bin geboren, lange bevor der kam, nach dem sich Ihre Religion den Namen gab. Ich konnte diesen Christus nicht kennenlernen, und ich weiß nicht, wie ich zu ihm gestanden hätte, aber er kam aus meinem Volk, dem Volk der Juden.

Vor rund 2600 Jahren habe ich gelebt und habe in meinem Leben viele Länder gesehn! Meine Reise war unfreiwillig. Ein Gefangenentransport von Jerusalem nach Babylon, nachdem wir den Krieg verloren hatten. Damals waren wir todunglücklich, wir haben zu Gott gebetet - gebetet ist gut, gebrüllt haben wir und unsere Feinde heftig verflucht. Wir sind so laut geworden, daß sich manche noch heute die Ohren zuhalten. Und das, obwohl unsere Gebete, die Psalmen, in der Bibel stehen und täglich gebetet werden.

Ich möchte Ihnen erzählen, wie es mir damals erging, als ich mit den anderen Kriegsgefangenen aus Jerusalem den Psalm betete, der heute noch so viele erschreckt. Ich muß schon zugeben, es sind harte Worte, die wir gewählt haben: „Wohl dem, der deine Kinder packt und sie an einem Felsen zerschmettert!" Ich will mich nicht entschuldigen, aber ich kann Ihnen gar nicht sagen, wie traurig und wütend ich in meiner Gefangenschaft war.

Geboren bin ich in Jerusalem, mein Vater arbeitete am Jerusalemer Königshof. Unser Volk ist zwar klein, aber sehr eigenwillig. Vielleicht kommt das daher, daß es immer andere, größere Völker in unserer Nachbarschaft gab, die uns bedrohten. Als die Babylonier im Jahre 605 Ägypten besiegten, fiel auch Syrien und Palästina, unser Land, an neue Herren. Unser König Jojakim war machtlos - jedenfalls nach außen, nach innen war er ein Despot. Jeremia, der Prophet, wurde unter seiner Herrschaft mißhandelt, aber das ist eine andere Geschichte. Jedenfalls, als Jojakim die Tribute an Babylon einstellen wollte, holten die Babylonier zur Strafexpedition gegen uns aus. Sie belagerten Jerusalem und verschleppten einen Teil unserer Oberschicht; ein anderer Teil flüchtete nach Ägypten. Meine

Kriegserlebnisse schildere ich Ihnen lieber nicht, jedenfalls kam mein kleiner Bruder auf brutale Weise an unserer Hauswand um … Damals war ich sechzehn. Auch Königspalast und Heiligtum wurden zerstört. 586 ging der Tempel auf dem Zion in Flammen auf.

Gottes Wohnort in Flammen!

Ich hätte niemals gedacht, daß das möglich ist. Im Allerheiligsten hatte doch JHWH [sprich: „Adonai“], unser Gott, sein Name sei gepriesen, seinen Wohnsitz. Er hatte uns versprochen, immer bei uns zu sein, und wenn ich als Kind die großen Zedernbalken aus dem Libanon im Tempel sah, dachte ich: Und noch viel mächtiger ist JHWH, der unser Volk einst mit starker Hand und hoch erhobenem Arm aus Ägypten geführt hat und auf dem Zion bei uns wohnt.

Der Ort meiner Gefangenschaft, Babylon, war eine Weltstadt, wie ich sie noch nie gesehen hatte. Ihre Könige ließen Weltkarten anfertigen, in denen Babylon als Mittelpunkt der Welt dargestellt war. Durch die Stadt floß der kanalisierte Euphrat. Das war ein richtiges Wasserversorgungssystem! Für mich war das unreiner Boden. Eigentlich ein ziemlich verkommenes Pflaster. Technik und Macht ist eben nicht alles, wenn einem der rechte Gott fehlt.

Aber – den rechten Gott, hatten wir den überhaupt noch? Eigentlich hatte er sich in den letzten Jahren ziemlich machtlos erwiesen. Er hatte uns treue Begleitung und Rettung versprochen. Im Allerheiligsten auf dem Zion war sein Wohnsitz gewesen. Was ist das für ein Gott, der sich so einfach sein Haus zerschlagen läßt von irgendwelchen arroganten Babyloniern, die auch noch fremde Götter verehren? Oder waren deren Götter sogar mächtiger?

Grenzerfahrung

Die babylonische Gefangenschaft war für mich eine Zerreißprobe. Wir saßen an den Flüssen Babylons und weinten, wenn wir an Zion dachten.

Wissen Sie, Flüsse bedeuten für mich immer etwas wie eine Grenze. Der Garten Eden war von vier Flüssen umgrenzt. Und der babylonische Euphrat war die Scheidelinie in meinem Inneren zwischen der Welt JHWHs und der Welt fremder Götter. Er war die Grenze zwischen meiner Kindheit, als meine Familie noch lebte, und der Zeit als Erwachsener, die Gefangenschaft bedeutete und Trennung von denen, die ich liebte. Obwohl wir voll Sehnsucht an unsere Heimat dachten, konnten wir nicht mehr von ihr singen. Wie denn, es war ja doch alles zerstört. So hatten wir unsere Harfen buchstäblich an den Nagel gehängt.

Unsere Besatzer trafen genau den wunden Punkt! „Singt uns Lieder vom Zion!“, verlangten sie. Ich weiß nicht, ob sie nicht merkten, wie weh uns das tun mußte, oder ob es der reine Zynismus war. Man reißt doch nicht einem Kind die Puppe weg und fordert es dann auf, Wiegenlieder zu singen! Aber auch das werden Sie kennen: Sarkasmus gibt es in jedem Krieg und die zynische Aufforderung an Gefangene, Freudenlieder zu singen, auch.

Aber dieser Zynismus ermutigte mich auch, erst recht an Gott festzuhalten. Ja, ich werde euch ein Zionslied singen, dachte ich. Ihr könnt mich nicht abhalten von meiner Hoffnung! Und ich versprach feierlich, wie es unseren Rechtsformeln entspricht: Wenn ich Jerusalem, die Stadt, wo Gott Heil bringt, je vergesse, dann will ich nicht mehr reden, geschweige denn singen können. Meine Zunge soll mir verdorren im Gaumen, denn ihr Durst nach dem lebendigen Gott ist nicht gestillt worden. Meine Hand soll im Greifen vergessen, wohin sie greifen wollte, denn jede Handlung wird sinnlos sein ohne JHWH, sein Name sei gepriesen.

So schwörte ich. Gott, der uns diese Rechtsformeln gegeben hatte, sollte Richter sein. Und eher verwünsche ich mich selbst als von ihm zu lassen. Es war mir ernst. Mit diesem Schwur habe ich mein eigenes Leben aufs Spiel gesetzt, und JHWH sollte mein Richter sein. Wie Sie sehen, hat er mich leben lassen.

Dann waren aber auch noch die anderen im Spiel, die Edomiter und Babylonier. Von ihnen ist unser Unrecht gekommen, nicht von Gott. Die Edomiter hatten Teile unseres Reiches besetzt, ein Bruderverrat, und sie hatten sich an der Zerstörung Jerusalems gefreut. Das durfte nicht vergessen werden! Gott sollte dieses Tages gedenken, – wie, das bleibe ihm überlassen.

„Ich könnt dich gegen die Wand klatschen!“

Können Sie sich daran erinnern, wie Sie zum letzten Mal richtig wütend waren? Als Sie ungerecht behandelt wurden und den anderen so richtig „gegen die Wand klatschen“ wollten? Sehen Sie. So ging's mir. Die Babylonier hatten mir alles genommen, mein Ansehen, meinen Besitz, meine Familie, mein vertrautes Gottesbild. Und weil ich sie selbst nicht bestrafen konnte, wünschte ich mir, ein anderer hätte es getan. Der Selige, der hätte uns Freiheit ermöglicht! Mein Temperament ist ganz schön hitzig, werden Sie vielleicht denken, aber das weiß ich – es ist übrigens nicht nur ein „Orientalenproblem" – und eben darum haben unsere Juristen einen kleinen Riegel vorgeschoben: das Talionsrecht. Es soll den Blutrachemechanismus beschränken. Jeder kennt die Kette der Gewalt. Der eine schlägt dem anderen einen Zahn aus, und der drückt ihm aus Rache gleich das ganze Gesicht ein. So soll es nicht sein. Darum haben wir die Regel: Auge um Auge, Zahn um Zahn. Niemand soll *mehr* rächen als ihm angetan worden ist. Und diesen Rechtssatz zu beachten, habe ich mich auch den Babyloniern gegenüber gezwungen. Sehen Sie, alle beteiligten Personen habe ich dem Talionsrecht unterstellt. Ihnen sollte genau das geschehen, was sie uns getan haben. Auch mich selbst unterstellte ich Gottes Recht, denn meine Selbstverwünschung gilt genauso wie meine Verwünschung Babels.

„Glücklich der dir, Babel, vergilt, was du uns getan hast, glücklich, der deine Kinder packt und sie an einem Felsen zerschmettert." Ihnen, in der modernen westlichen Welt, fällt wahrscheinlich vor allem die grausame Todes*art* auf, aber das war bei uns Kriegsbrauch. Ich wollte einfach, daß dieses babylonische System bricht, daß sie einfach nicht mehr leben.

Zorn, der nur einen Augenblick dauert

Ich weiß, daß Frieden besser ist als Krieg. Auch unsere Psalmen reden davon, daß alle Völker gemeinsam zum Zion pilgern werden, sie sprechen davon, daß Bogen und Schwerter nichts nützen. Was aber tun, wenn mir solch brutale Gewalt widerfährt? Ich kann doch nicht sofort sang- und klanglos zur Versöhnung übergehen, als hätten mir über 50 Jahre Exil nichts ausgemacht. Dann wäre ich doch nicht ehrlich vor Gott. Ich will nicht sagen, daß die Flüche die wichtigsten Teile meines Gebets sind, aber wo kann die Wut denn raus, wenn nicht bei Gott? Bei ihm kann ich abladen, und wenn ich vor ihm meine Gefühle losgeworden bin, bin ich nachher wirklich ein ganz anderer Mensch. Dann kann ich sogar die arroganten Babylonier wieder besser aushalten.

Und glauben Sie, ein Gott, dessen Macht von Jerusalem bis zum Euphrat reicht, läßt sich durch ein paar menschliche Wutausbrüche zum ewigen Zorn hinreißen?

BEATE BRIELMAIER

Psalm 139

„Unter Aufsicht“ – oder: „Gott führt und hält mich!“

Unter Aufsicht

Gott sieht alles! Keinen Moment bin ich unbeobachtet. Jede gute oder schlechte Tat, all mein Verhalten werden genau festgehalten. Und irgendwann kommt die große Abrechnung. Dann werde ich schon sehen, was für ein schlechter Mensch ich bin.

Diese und ähnliche Gedanken und Erfahrungen entstammen einem Bibelabend in der Gemeinde. Menschen bringen mit dem soeben gehörten Psalm 139 ein beängstigendes Gottesbild in Verbindung. Erinnerungen an Kindertage kommen dabei ins Gespräch: Das Bild von Gott als strafendem Richter, der jeden unserer Schritte genau beobachtet, wurde als moralisches Druckmittel eingesetzt. Vermittler dieses Gottesbildes waren Eltern, Lehrer und Pfarrer. Erreicht wurde damit Gehorsam und Folgsamkeit. Die Folge war oft ein Leben in Angst mit einem ständig schlechten Gewissen. Es sind nicht wenige der mittleren und älteren Generation, die darunter schwer zu leiden hatten oder heute noch Spuren davon in sich entdecken. Eugen Roth hat diese Erfahrung in seinem Gedicht „Unter Aufsicht“ folgendermaßen ausgedrückt:

„Ein Mensch, der recht sich überlegt,
daß Gott ihn anschaut unentwegt,
fühlt mit der Zeit in Herz und Magen
ein ausgesprochnes Unbehagen
und bittet schließlich ihn voll Grauen,
nur fünf Minuten wegzuschauen.
Er wolle unbewacht, allein
inzwischen brav und artig sein.
Doch Gott, davon nicht überzeugt,
ihn ewig unbeirrt beäugt.“

Gott umschließt mich wie eine Kostbarkeit

Wer den Psalm 139 genauer betrachtet, stellt fest, daß der Psalmbeter ein ganz anderes Gottesbild hat. Im Gebet bringt er die Gewißheit zum Ausdruck, daß Gott ihn kennt und in jeder Lebenslage bei ihm ist. Das ist für ihn keineswegs beängstigend. „Du kennst mich“ bedeutet für ihn: Gott nimmt wahr, bemerkt, wie es um den einzelnen Menschen steht. Diesen umschließt Gott von allen Seiten wie eine Kostbarkeit, einen besonderen Schatz, den es zu hüten gilt. Und genau deshalb kann dann der Psalmbeter sagen: „Zu wunderbar ist für mich dieses Wissen.“ Ich bin so wichtig und kostbar, daß Gott mich überall umschließt; und zwar überall, wo es sich Menschen nur vorstellen. Einerseits an allen Orten, andererseits heißt das auch: In den Tiefen des Lebens, in den Stunden, in denen wir ganz unten sind, keinen Ausweg wissen, läßt Gott uns nicht allein. „Auch dort wird deine Hand mich ergreifen und deine Rechte mich fassen“ (V. 10). In diesen Worten des Psalms scheint eine gewisse Gewalttätigkeit zu stecken: ergreifen und fassen! Werden die Worte anders übersetzt, ergibt sich eine andere „Klangfarbe“: Auch dort, überall, selbst in der Finsternis wird deine Hand mich führen und deine Rechte mich halten. Aus diesem Vers spricht das Vertrauen des Psalmdichters auf Gottes Begleitung und nicht die Angst vor einem „Überwachergott!“

Leben als Geschenk Gottes

Unbegreiflich ist dem Beter zu Beginn, warum Gott so ist, wie er es erlebt. Aber er gibt sich selbst die Antwort darauf: „Denn du hast mich geschaffen, mein Inneres (genauer übersetzt ‚meine Nieren‘)!“ (V. 13). Nieren sind für den damaligen Zuhörer und Leser der Ort der innersten Empfindungen des Menschen. Wenn Gott den Menschen so geschaffen hat, so wunderbar, wird Gott sein Geschöpf auch nicht im Stich lassen.

Dankbar kann der Psalmbeter sich selbst als Geschenk Gottes annehmen. Auch hier ist nichts zu spüren von der Angst dessen, der sich vor einem Aufsichtsgott verstecken will. Danke, daß ich so bin, wie ich bin! So spricht er. So etwas zu sagen, fällt manchmal schwer, vor allem, wenn man so erzogen ist, daß man zuerst die schlechten Dinge an sich sucht. Im Psalm steckt die Ermunterung an uns alle, uns selbst im Licht der Schöpfung als wunderbares Geschenk Gottes zu sehen.

Führe und halte mich!

Der letzte Teil des Psalms greift die Situation des gläubigen Menschen auf, der Gott positiv erfahren hat und deshalb nicht verstehen kann, daß andere Gott den Rücken zukehren. Es trifft ihn hart, und er empfindet es als Unrecht gegenüber Gott. Er bringt seine Fragen und Zweifel vor Gott, spricht an, was ihn beschäftigt. Er spürt, daß sein Weg, der Weg des Hasses, nicht Gottes Weg ist. Er bittet Gott um Hilfe für den rechten Weg, um Entscheidungshilfe für sein Handeln. Er vertraut darauf, daß Gott auch im Zweifel und im Fragen bei ihm ist. So kann er sein Gebet beenden: „Leite mich auf dem altbewährten Weg!“ (V. 24).

Der Psalmbeter will sich von Gott führen und halten lassen, er kann sich und sein Leben als Geschenk Gottes betrachten. In Gott erlebt er Sicherheit, er kann auf ihn bauen, auf Gott vertrauen. In diesem Sinne möchte ich schließen mit einigen Bitten eines alten Segensgebetes:

Der Herr sei vor dir,
um dir den rechten Weg zu weisen.
Der Herr sei neben dir,
um dich in die Arme zu schließen und dich zu schützen.
Der Herr sei unter dir,
um dich aufzufangen, wenn du fällst.
Der Herr sei in dir,
um dich zu trösten, wenn du traurig bist.
Der Herr sei über dir,
um dich zu segnen.
Amen.

KARIN BERHALTER

Psalm 146

Lebendige Gottesbeziehung

Wann ist es Ihnen danach, so richtig laut Juhu zu schreien vor lauter Freude, vor lauter Glück? Wenn die Sonne scheint nach langer Schlechtwetterzeit, wenn die Blumen im Frühjahr wieder zu blühen beginnen, wenn Sie den Gipfel eines Berges erklommen haben, wenn Ihnen etwas Außerordentliches gelungen oder eine echte Begegnung widerfahren ist? Juhu schreien in Momenten, in denen einfach klar ist, es ist gut zu leben, die Welt ist schön, das Leben lohnt sich – können Sie das, so richtig laut jubeln aus Freude, aus Dankbarkeit? Mir persönlich fällt es eher schwer. Manchmal beim Skifahren, wenn es gut läuft, gelingt es mir, aber da hört mein Jubeln ja auch keiner, und wenn doch, so bin ich schnell weg und ward nicht mehr gesehen.

Warum das so ist, daß „man" häufig starke Gefühlsregungen – mit dem Heulen ist es ja nicht anders – lieber im stillen Kämmerlein mit sich abmacht, ich weiß es nicht. Daß ich, daß wir unsere Freude nicht lautstark zum Ausdruck bringen können, woran mag das liegen? Vielleicht weil wir Angst davor haben, als unkontrolliert oder gar gefühlsduselig zu erscheinen und dann nicht mehr ernstgenommen zu werden. Vielleicht aus Angst vor dem Neid anderer, denen es gerade nicht so geht. Oder einfach aus Rücksichtnahme denen gegenüber, die es gerade schwer haben. „Man" will ja niemand mit seiner Freude erschlagen.

Vor einem, der nicht müde wird, laut zu loben

Dem Beter unseres Psalms scheint es ganz anders zu gehen. Wir begegnen in ihm einem, der nicht müde wird, lautstark zu loben. Mit einem Halleluja beginnt und endet sein Gesang. Sein Lob, sein Dank hat also einen Adressaten – Gott. Dieses „Gelobt sei Gott" ist Auftakt und Schlußakkord seines Gebets.

Offensichtlich muß er etwas erlebt und erfahren haben, was ihn (Ihn) loben läßt. Was ihn zu solchem Lob bewegt, erfahren wir nicht. Wir erfahren auch nicht, ob er anläßlich eines konkreten Ereignisses oder für sein ganzes bisheriges Leben dankt. Wir erfahren lediglich, daß er Gott für den Rest seines Lebens spielen und singen will.

Und eine eindeutige Warnung spricht aus diesem Psalm: sich nicht auf Fürsten - weltliche Machthaber - zu verlassen, bei denen es eh keine Hilfe gibt. Der Psalmist mahnt, sich auf das zu besinnen, was im Leben trägt, und auf den, der es trägt.

Wem gilt das Lob des Psalmisten?

Im hymnischen Bekenntnis erzählt der Dankende seinen Glauben und seine Gotteserfahrung. Sein Lob gilt dem Gott des Stammvaters Jakob. Dem Gott, der eine Geschichte mit konkreten Menschen, mit einem ganzen Volk hat. Interessant, daß er hier als Gott Jakobs benannt wird. Jenes Jakob, dessen Geschichte alles andere als geradlinig verlaufen ist, der gerungen hat mit Menschen und mit Engeln, der nicht locker ließ damals am Fluß, im Jabbok, in der Nacht - „ich lasse Dich nicht, es sei denn, Du segnest mich" ... Das Ringen Jakobs hat sich gelohnt. Er erfährt danach Versöhnung, ein Neuanfang wird ihm geschenkt.

Ob unser Beter eine ähnliche Erfahrung hinter sich hat? Wir wissen es nicht. Aber dieser Gott Jakobs ist ihm Halt; auf ihn setzt er seine Hoffnung. Er lobt seinen Gott auch als den Schöpfer des Himmels und der Erde, als den Ursprung und Urgrund allen Seins. Es ist ein Gott, der ewig die Treue hält. Dieser Gott steht für ihn auf der Seite der Armen und Schwachen. Denn Recht verschafft er den Unterdrückten, den Hungernden gibt er Brot, die Gefangenen befreit er, den Blinden öffnet er die Augen, und die Gebeugten werden durch ihn aufgerichtet. Dieser - sein - Gott beschützt die Fremden und verhilft den Witwen und Waisen zu ihrem Recht.

Es scheint derselbe Gott zu sein, den der Prophet Jesaja verkündet, wenn er spricht: „Der Geist des Herrn ruht auf mir, er hat mich gesandt, damit ich den Armen eine frohe Botschaft bringe und alle heile, deren Herz zerbrochen ist, damit ich den Gefangenen die Entlassung verkünde und den Gefesselten die Befreiung" (Jes 61,1). Diese Passage ist uns vertraut als Antrittsrede Jesu in der Synagoge von Nazaret. Das Gesagte ist auch sein Programm. In ihm bekommt es Hand und Fuß. Sein Gott ist derselbe wie der des Jesaja und der unseres Psalmisten.

Gott steht auf der Seite des Menschen, besonders auf der Seite der Armen, Gequälten und Schwachen. Er bezieht Stellung, er thront nicht gleichgültig in fernen Regionen. Er liebt die Gerechten, doch die Schritte der Frevler leitet er in die Irre ... so lesen wir weiter. Und da wird es zumindest für mich schwierig. Warum braucht es das, daß dieser Gott die Schritte der Frevler in die Irre leitet? Gehen die nicht durch eigene Entscheidung fehl? Hat der Mensch nicht entschieden Anteil daran, wie sein Leben verläuft? Die Vorstellung, daß Gott bewußt die Schritte der Frevler in die Irre leitet und von keiner Umkehrmöglichkeit die Rede ist, ist mir fremd. Daran kann ich mich reiben und muß mich doch gleichzeitig fragen, ob mein „Gottbild" zu harmlos ist, zu sehr geprägt von Begriffen wie Barmherzigkeit, Güte, Umkehr und Versöhnung.

Der Psalm als Anfrage an uns

Dieser Psalm kann uns anfragen und anregen, darüber nachzudenken: An was bleibe ich hängen, welche Aussage des Psalmisten über Gott ist mir wichtig, wer ist Gott für mich? Der, der eine Geschichte mit seinem Volk, mit mir hat, der Schöpfer; der, der sich stark macht für Arme und Schwache; oder der König der Welt, von dem ganz am Ende die Rede ist? Oder gehören all diese Bilder und Sprechweisen von Gott irgendwie zusammen ... und bleiben doch unvollständig, weil Gott für uns letztendlich und letztgültig nicht zu fassen ist?

Noch eine Frage möchte ich Ihnen und mir stellen: Für was lobe ich / für was loben Sie Gott? Weswegen klage ich / klagen Sie oder hadre ich / hadern Sie mit ihm? Schaffe ich es überhaupt, laut zu formulieren, wer dieser Gott für mich ist, was er mir bedeutet? Wenn ich diesen Psalm in mir nachklingen lasse und an die Psalmen denke, die mir aus der Bibel vertraut sind, habe ich großen Respekt vor den Menschen damals, die fähig waren, das, was sie umtrieb und bewegte, Klage und Freude, vor ihren Gott zu bringen, und zwar laut.

Vielleicht ist das Beten: Mich und das, was mich umtreibt vor Gott zu bringen – und sei es nur Gestammeltes. Vielleicht lassen wir uns anregen, durch diesen Beter unseren eigenen Psalm zu formulieren und je nachdem, wie es uns ist und um uns steht, mag es ein Klage- oder Lobgesang werden.

KLAUS NIENTIEDT

Psalm 147

Was ist das – Gott loben und danken?

Manchmal ist es uns so, als stünden wir neben uns selbst; als betrachteten wir das, was wir gerade tun, aus einer gewissen Distanz. In solchen Momenten kann einem das Vertrauteste fremd vorkommen. In solchen Momenten fragen wir: Was tust du da eigentlich? Weißt du, was du da tust? Lassen Sie uns einem solchen Gedanken einmal nachgehen, und zwar in Bezug auf das Elementarste dessen, was wir in einer gottesdienstlichen Feier miteinander tun: Wir tun, wozu uns der Psalm 147 einlädt: Wir loben und danken Gott.

Schön ist es, unseren Gott zu loben.
Stimmt dem Herrn ein Danklied an.

Gott loben und danken – das ist uns so selbstverständlich, daß wir im Grunde nie fragen, was wir da tun, warum wir das tun. Hat Gott es nötig, von uns gelobt zu werden? Meinen wir, ihn mit unserem Lob gnädig stimmen zu müssen? Hat er uns etwa gedroht, wenn wir ihn nicht ausreichend loben würden, hätte dies für uns negative Folgen?

Schön ist es, unseren Gott zu loben.
Stimmt dem Herrn ein Danklied an.

Eine andere Frage: Was heißt das eigentlich: danken? Ist die Aufforderung, Gott zu danken, so etwas wie die Aufforderung an Kinder: Sag' schön danke? Danke sagen – tun das nicht nur die Unterlegenen, die Kleinen, die Unmündigen? Ist die Aufforderung zu danken also möglicherweise nur der Versuch, uns klein und unmündig zu halten? Mensch, sag' schön danke.

Schön ist es, unseren Gott zu loben.
Stimmt dem Herrn ein Danklied an.

Normalerweise danken wir, wenn wir etwas erhalten, auf das wir keinen Anspruch haben. Für das Gehalt am Ende des Monats danken wir nicht, aber für den Arbeitsplatz kann man in Zeiten hoher Arbeitslosigkeit – weiß Gott! – danken. Wir danken für ein unverhofftes Geschenk, ein Lob, oder wenn uns jemand an der Kaufhauskasse den Vortritt läßt.

Danken wir also Gott nur deshalb, weil wir von ihm beschenkt wurden? Grund genug hätten wir. Wofür könnten wir nicht alles danken! Für unsere Gesundheit, für den Ehepartner und die Kinder, für das tägliche Brot, dafür, daß die eigenen Eltern noch leben, daß wir alles in allem unser leidliches Auskommen haben. Aber ist es wirklich das, was den Psalmdichter sagen läßt:

Schön ist es, unseren Gott zu loben.
Stimmt dem Herrn ein Danklied an.

Nein. Wir danken nicht nur, weil uns dies oder das, dieser oder jener geschenkt wurde. Wir danken erst recht nicht, um damit Gott einen Gefallen zu tun, um ihn freundlich zu stimmen, ihn zu besänftigen, auf daß er – do ut des, mit anderen Worten: eine Hand wäscht die andere – Gnadenerweise zukommen lasse oder gar sein Zorn sich mindere. Wir danken nicht, weil wir damit irgendwelche Hintergedanken verbinden. Wer dankt, will damit nichts erreichen. Es ist wie mit dem Satz: „Ich liebe ich." Wer diesen Satz mit einem Zweck verbindet, wird nie die Liebe finden, die er bzw. sie sich ersehnt.

Schön ist es, unseren Gott zu loben.
Stimmt dem Herrn ein Danklied an.

Nein. Gott danken heißt nicht, kleinlich um irgendetwas rechten, seinen Vorteil suchen. Wir danken nicht für etwas, sondern für alles. Gott danken könnte heißen: Wir unterbrechen den Alltagstrott, treten in Distanz zu dem, was ist, und zu dem, wie es ist; halten nichts für selbstverständlich; vergegenwärtigen uns: So wie alles ist, müßte es nicht sein. Daß überhaupt etwas ist, versteht sich nicht von selbst. Es könnte auch alles ganz anders sein. Vor allem: Es könnte auch nichts sein.

Gott loben und danken heißt: Dank sagen dafür, daß etwas ist, daß es uns gibt, daß es die Welt gibt, daß es den Kosmos gibt. Ja sagen zu dem, von dem wir in der Sprache des Glaubens sagen, daß Gott es geschaffen hat. Gott loben und danken, das prägt auf diese Weise unser ganzes Leben; es bestimmt die Tonart, in der unser Leben vonstatten geht. Wir staunen über das, was wir normalerweise für kaum der Rede wert halten.

Schön ist es, unseren Gott zu loben.
Stimmt dem Herrn ein Danklied an.

Manchmal hat es den Anschein, als sei unser Glaube ein undurchschaubares, undurchdringliches Lehrgebäude; mit vielen Regeln und Gesetzen, Verbotsschildern und Reglementierungen, die aufs Genaueste beachtet sein wollen. Aber nein. Unser Glaube ist im Grunde nicht mehr als das Bekenntnis:

Schön ist es, unseren Gott zu loben.
Stimmt dem Herrn ein Danklied an.

Andererseits: Ist wirklich alles, so wie es ist, zum Danken? Gibt es nicht auch vieles, das wir uns anders viel besser vorstellen könnten? Wie kann man Dank sagen für eine Welt voll von soviel Streit und Unrecht, Zynismus und Gewalt, Folter und Unterdrückung, Krankheit und Leid? Und was ist mit dem Tod? Sollen wir auch für den Tod danken? „Da bedanke ich mich aber" – sagen wir manchmal und meinen damit das genaue Gegenteil von Dank. Wäre dieser Satz nicht oft viel angebrachter?

Gott danken heißt jedenfalls nicht, Negatives nicht sehen wollen, alles beim Alten belassen, die Hände in den Schoß legen, den lieben Gott einen guten Mann sein lassen. Dennoch weiß derjenige, der Gott dankt, daß – wenn es darauf ankommt – der Dank und das Lob Gottes das Entscheidende ist. Selbst wenn Menschenmögliches nicht mehr möglich ist – eines können wir: Gott loben und ihm danken. Es gibt Situationen, in denen es nicht um irgendetwas geht, sondern um alles. Und wenn es um alles geht, dann ist Gott loben und ihm danken nicht nichts.

Warum das so ist? Ich weiß es nicht. Viele Menschen haben es vor uns so gehalten, haben ihr Leben als Gott Lobende und Dankende gelebt. Ihr Leben ist uns Zeugnis für das Psalmwort:

Schön ist es, unseren Gott zu loben.
Stimmt dem Herrn ein Danklied an.

Lassen Sie uns Gott danken, weil es seine Schöpfung gibt. Danken wir Gott, daß es Menschen gibt, daß es Sie und mich gibt. Danken wir, wie es in einem Lied heißt, daß wir danken können.

KONRAD BAUMGARTNER

Psalm 150

Das große Finale

Lobpreis Gottes mit allen Kräften

Wenn ich diesen letzten der 150 Psalmen lese oder besser: höre, dann kommt mir das grandiose „Halleluja" aus dem Oratorium „Der Messias" von *Georg Friedrich Händel* in den Sinn. Unter dem Aufgebot aller Stimmen und Instrumente wird der Lobpreis Gottes machtvoll zur Sprache und zu Gehör gebracht. Ähnlich ist es im großen Finale der Psalmenkomposition. Der Schall der Hörner und der Klang von Harfe und Zither, die Paukenschläge und der klare Ton der Flöten, der Einsatz der Streichinstrumente und des Schlagzeugs, dazu Tanz und Gesang: Alles wird aufgeboten, um der Ehre Gottes das Oratorium des „Halleluja" darzubringen. „Alles, was atmet" soll in diesem Lobpreis miteinstimmen, so unser Psalm.

Dreimal zehn im Alten Testament

Zehnmal wird in diesem großen Finale die Aufforderung wiederholt: „Lobpreiset!" Die zehn Aufrufe entsprechen den zehn Schöpfungsworten am Anfang der Bibel: „Gott sprach – und es geschah" und den zehn Weisungen des Bundesschlusses am Sinai: „Du sollst ...". Den Beweisen von Gottes Größe in seiner Schöpfung und den Erweisen seiner Bundestreue in der Geschichte des Volkes Gottes antworten die zehn Lobpreisungen hier, eingerahmt vom liturgischen Ruf des Halleluja.

Die Psalmen: ein einziger Lobpreis Gottes

Martin Buber nennt das Buch der Psalmen das „Buch der Preisungen": Es sind allesamt Lieder, die als gebetete Gedichte, begleitet von Instrumenten, die Grundweisen des Menschen vor Gott zur Sprache bringen: Klage und Bitte, Vertrauen und Anbetung, Dank und Lobpreis. Über alle Variationen der Themen der Psalmen hinweg ist der

Lobpreis der Grundton, die Grundmelodie des gläubigen Beters. Und so gilt das große Finale der Psalmen diesem Lobpreis des Halleluja-Jubels: Der ganze Kosmos, Himmel und Erde, sollen einstimmen in den jubelnden Dank für Gottes Taten an seinem Volk Israel.

Lobpreis Gottes heute?

Wie loben und preisen wir unseren Gott heute? Sind wir nicht zu sehr mit Bitten beschäftigt oder allenfalls noch mit Klageliedern? Gibt es noch das persönliche Dankgebet und den gemeinsamen Lobpreis in unseren Gottesdiensten? Dazu bedarf es erst der Besinnung: der Besinnung auf die Erfahrungen der Nähe und Hilfe Gottes in unserem persönlichen Leben – das Geschenk der Gesundheit, das Geschenk der Familie und des Berufs, das Geschenk der vielen frohmachenden Stunden des Lebens und des Bestehens von Krankheit und Leid.

Es bedarf der Besinnung auf die großen Taten Gottes in Jesus von Nazaret, auf die Zeichen seiner Gegenwart in den Feiern der Liturgie und der Sakramente, auf das wunderbare Geschenk seines Wortes an uns in der Heiligen Schrift, an das Wirken seines Geistes in dieser Welt, besonders auch in der Gemeinschaft der Gläubigen. Oft verstellt uns der Nebel der Probleme und Sorgen in der großen und kleinen Welt die alles erhellende Erfahrung: Gott ist mitten unter uns da! Er lebt und wirkt, er trägt und hält unser Leben! Die Besinnung auf solche Erfahrungen läßt uns zum Loben und Danken kommen: „Wir loben dich, wir preisen dich, wir beten dich an, wir rühmen dich und danken dir, denn groß ist deine Herrlichkeit!“ (Gloria).

Gotteslob als Gottesgeschenk

Aber, bedarf denn Gott unseres Lobes? Ist er angewiesen auf unseren Dank? Heißt es nicht in der Liturgie: „Gott, du bedarfst nicht unseres Lobes?“ *(Präfation für Wochentage IV)*. Sicher: „Unser Lobpreis kann Gottes Größe nicht mehren. Doch er bringt uns Segen und Heil.“ Und: „es ist ein Geschenk seiner Gnade, daß wir ihm danken“ *(ebd.)*. Haben nicht viele Menschen unserer Tage, auch bereits Kinder, das Danken verlernt? Geht dadurch aber nicht etwas von unserem Menschsein verloren? Und wenn wir als Christen Gott nicht mehr loben und ihm nicht mehr danken würden für alles, was wir durch ihn an Gutem erhalten haben, wird dann nicht unser Christsein zu einem Anspruch Gott gegenüber, der uns nicht zukommt?

Gott loben: in alten und neuen Weisen

Loben und preisen, rühmen und danken: das sind für uns Menschen und für uns Christen wesentliche Ausdrucksformen des Miteinanders, auch gegenüber Gott. Das Dankgebet und das Loblied gehören zu unserer christlichen Existenz. Nicht von ungefähr trägt unser Gebet- und Gesangbuch den Titel „Gotteslob“.
Und *ein* Lob- und Danklied können meist auch jene noch mitsingen, die selten oder nicht mehr am Gottesdienst der Kirche teilnehmen: das „Großer Gott, wir loben dich“. Heute sind es oft die rhythmischen Lieder und die Lieder aus Taizé, in denen wir uns mit unserem Leben, vor allem auch mit unserem Lob und unserem Dank wiederfinden. Aber auch die Festmesse mit klassischer Musik kann, wenn sie nicht nur konzertante Aufführung ist, unseren Lobpreis Gott gegenüber ausdrücken. Vielleicht rührt ja sogar die Konzertaufführung des Hallelujas von Händel so manches Menschenherz an und bringt es zum Klingen, läßt es innerlich einstimmen in den großen Lobgesang an Gott, unseren Schöpfer und Erlöser.